JN026237

英語の記号・書式・数量表現のしくみ

大名 力

Tsutomu OHNA 著

研究社

は じ め に

　副詞用法の「毎日」は every day と 2 語で綴り，「毎日の，日常的な」の意味の形容詞はスペースを入れずに everyday と綴るが，それはなぜか。Doctor の略はアメリカではピリオドを付けて Dr. と綴り，イギリスでは付けずに Dr とするのはなぜか。

　2/3（3 分の 2）は英語では two thirds。1/3 が 2 つだから分子に two という基数を使うのは当然としても，分母が序数で表されるのはなぜか。分子を numerator，分母を denominator と呼ぶのはなぜか。

　o'clock の品詞は何か，またアポストロフィーはなぜ付いているのか。one o'clock の one が two になっても o'clock が o'clocks にならないのはなぜか。

　こういうことはわからなくても英語は使えますが，仕組みがわかるとすっきりします。また，誤用も避けやすくなります。本書では，事実としては知っているが改めてそうなっている理由を聞かれると案外答えられないことの多い，記号，数量表現などの用法について，そのように用いられる理由を考えていきます。また，書体，文書の形式などの書式について基本的なところを確認することにします。

　さらに最後の 2 章では，何となく使えているという人も多い発音記号や，コンピューターで文字を処理する際に用いられている文字コードの仕組みについて見ていきます。

　なお，第 2 章「英語の記号」，第 4 章「文章構成の形式と書式」，第 5 章「数字，数値，数詞など」の一部は大名力・亘理陽一（2017）「英語の書き方」（酒井他（編）（2017）『小学校で英語を教えるためのミニマム・エッセンシャルズ』第 6 章）の大名担当箇所を，第 7 章「文字コード」は大名力（2011）「言語研究のためのテキスト処理の基礎知識」（藤村・滝沢（編）（2011）第 14 章）

[iii]

の4節「文字コード」の内容を基に加筆・アップデートしたものです。

〈謝　辞〉

　『英語の文字・綴り・発音のしくみ』,『英語の綴りのルール』に続き本書の出版でも津田正氏にお世話になりました。第6章については久保岳夫氏,手島良氏,牧野武彦氏より専門的な見地からコメントを頂戴しました。また,新實葉子氏と西脇幸太氏には全体を通し間違いや理解しにくい箇所をご指摘いただきました。出版にあたりお世話になった方々には,この場を借りてお礼申し上げます。

用語，記号の説明

cf.　　　　ラテン語 confer の略。参照せよ，比較せよの意。

e.g.　　　　ラテン語 exempli gratia の略。例を示すのに用いる。

X < Y　　　Y から X が生じることを示す。

　　　　　　e.g. doc < document, sunny < sun + -y

方言

英　イギリス英語，英音 (イギリス英語での発音)

米　アメリカ英語，米音 (アメリカ英語での発音)

記号の使い方

　［ ］，/ / などについては注意しなくとも文脈から何を指しているかはわかるので気にしなくてもよいが，専門用語で説明すると次のように使い分けている。

　［音声］　/音素/　<書記素>

×はその表記，表現が英語では認められないことを示す。

　×c.f. (< confer)　　　　　　　　×U.S.A (< United States of America)

　x- は語頭，-x- は語中，-x は語末に現れる x を表す。-x(-) は語中または語末に現れることを示す。また，re-, -ing のように，接頭辞，接尾辞を示す時にもハイフンを用いることがある。「語末の x」のように，出現位置が明確な時にはハイフンを用いないこともある。

発音記号

　本書では『コンパスローズ英和辞典』の発音記号に準じたものを用いる。ただし，/ɑ(ː)|ɔ/ (e.g. top) は /ɑ|ɔ/ とし，1 音節語には強勢（アクセント）の記号は付けない。『英語の文字・綴り・発音のしくみ』で用いたものとは異なり，特に母音の表記が大きく異なるので，母音の発音表記を対照して示す。| の左がアメリカ英語，右がイギリス英語の発音である。英米で発音が異なる場合，本文ではアメリカ英語の発音を示すのを基本とする。

本書	コンパスローズ	しくみ	例
iː	iː	iː	*ea*st
i	i	i	happ*y* rad*io*
ɪ	ɪ	i	*i*nk pock*e*t
e	e	e	*e*nd
æ	æ	æ	h*a*nd
æ|ɑː	æ|ɑː	æ|ɑː	*a*sk
ɑː	ɑː	ɑː	f*a*ther
ɑ|ɔ	ɑ(ː)|ɔ	ɑ|ɔ	t*o*p
ɔː	ɔː	ɔː	*a*ll
ɔː|ɔ	ɔː|ɔ	ɔː|ɔ	cl*o*th
uː	uː	uː	f*oo*d
ʊ	ʊ	u	b*oo*k ed*u*cate
ʌ	ʌ	ʌ	c*u*t
ɚː|əː	ɚː|əː	əːr	b*ir*d
ə	ə	ə	*a*round chor*u*s lem*o*n elem*e*nt
ɚ|ə	ɚ|ə	ər	teach*er*
eɪ	eɪ	ei	d*a*te
aɪ	aɪ	ai	*i*ce
ɔɪ	ɔɪ	ɔi	t*oy*
aʊ	aʊ	au	*ou*t
oʊ	oʊ	ou	g*o*
juː	juː	juː	c*u*te
ju	ju	ju	man*u*al
jʊ	jʊ	ju	pop*u*lar
ɪɚ|ɪə	ɪɚ|ɪə	iər	*ear*
eɚ|eə	eɚ|eə	eər	h*air*
ɑɚ|ɑː	ɑɚ|ɑː	ɑːr	*ar*m

ɔɚ|ɔː	ɔɚ|ɔː	ɔːr	*store*
ʊɚ|ʊə	ʊɚ|ʊə	uər	*tour*
jʊɚ|jʊə	jʊɚ|jʊə	juər	*pure*
aɪɚ|aɪə	aɪɚ|aɪə	aɪər	*fire*
aʊɚ|aʊə	aʊɚ|aʊə	auər	*hour*

　第 1 章第 2 節「英語の文字，綴り」その他で用いる用語（『英語の綴りの ルール』と同じ）は『英語の文字・綴り・発音のしくみ』と違うところがあ るので，対応関係を示しておく。

本書	『英語の文字・綴り・発音のしくみ』
単母音字	1 字綴りの母音字，母音字 1 字
複母音字	2 字綴りの母音字，二重母音字
重母音字	重母音字
単子音字	—
複子音字	—
重子音字	重子音字

目　　次

はじめに……………………… iii

用語，記号の説明……………… v

第1章　英語の書記体系の概観 ………………………………………… 1

1. 書記体系を構成するもの ……………………………………………… 2
2. 英語の文字，綴り ……………………………………………………… 3
　2.1　表語文字と表音文字，綴りの表語性 ……………………………… 3
　2.2　英語の綴りの表音の仕組みの基本 ………………………………… 6
　　2.2.1　音と文字・綴りのずれ ……………………………………… 6
　　2.2.2　母音字・子音字の基本的な音価 …………………………… 6
　　2.2.3　音節構造と単母音字の発音 ………………………………… 8
　2.3　アクセント記号 …………………………………………………… 10

第2章　英語の記号 ……………………………………………………… 13

1. 分離記号 ………………………………………………………………… 14
　1.1　分かち書き：語への分割 ………………………………………… 14
　1.2　語の分離，結合 …………………………………………………… 16
　1.3　語と句：everyday と every day ………………………………… 18
　1.4　句，節，文の分離，結合 ………………………………………… 25
　1.5　分離記号の間の関係 ……………………………………………… 27
2. ハイフン，マイナス，ダッシュなど ………………………………… 29
3. 省略記号 ………………………………………………………………… 31
4. 文末記号 ………………………………………………………………… 34

5. 引 用 符 ——————————————————————————— 36

6. 括　　弧 ——————————————————————————— 38

7. ギリシャ文字 ——————————————————————— 38

　　・1音節の名称の文字　　42

　　・2音節の名称の文字　　43

　　・3音節の名称の文字　　44

8. その他の記号 —————————————————————— 45

　　・<&>　　45

　　・<@>　　46

　　・<#, ♯>　　46

　　・<*>，ほか　　47

　　・<~>，ほか　　47

　　・<ˌ>，ほか　　47

　　・<♩>　　48

　　・<L, v, m>，ほか　　48

第3章　語句の略し方 ————————————————— 49

1. 語の略し方 ——————————————————————— 50

　　・単数形の略語　　50

　　・複数形の略語　　53

　　・綴り直す場合　　54

2. 句の略し方 ——————————————————————— 55

第4章　文章構成の形式と書式 ———————————— 59

1. 段落，節，章の表示方法 ———————————————— 60

2. 段　　落 ——————————————————————————— 61

3. 章，節 ————————————————————————————— 66

4. 文書のレイアウト ———————————————————— 66

5. 書字の方向 ——————————————————————— 67

6. 大文字の用法 —————————————————————— 69

7. 文字のスタイル：ボールド，イタリック，アンダーラインなど⋯⋯⋯71

第5章　数字，数値，数詞など ⋯⋯⋯⋯⋯⋯⋯⋯⋯⋯⋯⋯⋯⋯⋯⋯⋯75

1. 基本的な数字，数値の読み方⋯⋯⋯⋯⋯⋯⋯⋯⋯⋯⋯⋯⋯⋯⋯⋯⋯⋯76
　・数詞を修飾する不定冠詞・形容詞　　77
　・序数　　77
　・小数　　78
　・累乗　　78
　・桁　　79
2. 時間，角度，長さ，分数⋯⋯⋯⋯⋯⋯⋯⋯⋯⋯⋯⋯⋯⋯⋯⋯⋯⋯⋯80
　・minute と second　　80
　・<'> プライム（prime）　　81
　・分子と分母，倍数の表し方　　82
3. 年　　　号⋯⋯⋯⋯⋯⋯⋯⋯⋯⋯⋯⋯⋯⋯⋯⋯⋯⋯⋯⋯⋯⋯⋯⋯85
4. 時　　　刻⋯⋯⋯⋯⋯⋯⋯⋯⋯⋯⋯⋯⋯⋯⋯⋯⋯⋯⋯⋯⋯⋯⋯⋯87
5. ローマ数字⋯⋯⋯⋯⋯⋯⋯⋯⋯⋯⋯⋯⋯⋯⋯⋯⋯⋯⋯⋯⋯⋯⋯⋯88

第6章　発音記号 ⋯⋯⋯⋯⋯⋯⋯⋯⋯⋯⋯⋯⋯⋯⋯⋯⋯⋯⋯⋯⋯⋯93

1. 言語音：発音器官，母音，子音など⋯⋯⋯⋯⋯⋯⋯⋯⋯⋯⋯⋯⋯94
　・有声音と無声音　　95
　・母音と子音　　95
2. 国際音声記号（IPA）⋯⋯⋯⋯⋯⋯⋯⋯⋯⋯⋯⋯⋯⋯⋯⋯⋯⋯⋯98
　・母音　　98
3. 簡略表記と精密表記，音声と音素⋯⋯⋯⋯⋯⋯⋯⋯⋯⋯⋯⋯⋯102
4. 記号の説明⋯⋯⋯⋯⋯⋯⋯⋯⋯⋯⋯⋯⋯⋯⋯⋯⋯⋯⋯⋯⋯⋯104
　4.1　長音符（length marks）⋯⋯⋯⋯⋯⋯⋯⋯⋯⋯⋯⋯104
　4.2　強勢（stress）⋯⋯⋯⋯⋯⋯⋯⋯⋯⋯⋯⋯⋯⋯⋯⋯107
　4.3　母音（vowels）⋯⋯⋯⋯⋯⋯⋯⋯⋯⋯⋯⋯⋯⋯⋯⋯108
　4.4　子音（consonants）⋯⋯⋯⋯⋯⋯⋯⋯⋯⋯⋯⋯⋯⋯112
　　・鼻音：m ɱ n ɲ ŋ ɴ　　114

・破裂音：p b t d k g ɢ ʔ　116
　・摩擦音：ɸ β f v θ ð s z ʃ ʒ ɕ ʑ ç x χ h　117
　・破擦音：ts dz tʃ dʒ tr dr　119
　・ふるえ音：r ʀ　121
　・たたき音：ɾ　121
　・接近音：ɹ j ɰ w　122
　・側面接近音：l　123

4.5　省略：括弧とイタリックと上付き文字 ———————————— 123
5. 発音記号と類似した文字 ———————————————————— 126

第7章　文字コード ———————————————————————— 135

1. ファイルの形式 ——————————————————————— 136
　1.1　ビットとバイト ————————————————————— 136
　1.2　2進数と16進数 ————————————————————— 137
　1.3　テキストファイルとバイナリファイル ———————————— 138
2. 文字コード ————————————————————————— 138
　2.1　符号化文字集合と文字符号化方式 —————————————— 138
　2.2　文字集合と配列順序の確認方法 ——————————————— 141
　2.3　ASCII/JIS X 0201 とバックスラッシュ（\）/円記号（¥）———— 143
　2.4　アクセント記号付きの文字（Latin-1）————————————— 145
　2.5　半角文字と全角文字 ——————————————————— 146
　2.6　漢　　字 ———————————————————————— 148
　　・CJK互換漢字：重複して登録された漢字　148
3. 文字コードとテキスト処理 —————————————————— 150

　参照文献 ———————— 153
　索　　引 ———————— 155

第❶章
英語の書記体系の概観

1. 書記体系を構成するもの
2. 英語の文字，綴り

1.　書記体系を構成するもの

　英語で文章を書くには，A/a から Z/z までの 26 文字 (大文字と小文字を別に数えると 52 文字) 以外に，ギリシャ文字などの他の文字，数字，ピリオド<.>，コンマ <,> などの記号も用います。2014 年出版の『英語の文字・綴り・発音のしくみ』では，アルファベットによる単語の綴りを中心に，その仕組みと歴史的な発達を扱い，次の『英語の綴りのルール』では単語の綴りについて詳しく説明しましたが，本書では他の文字，記号について見ていくことにします。またこれらの要素をどう組み合わせてより大きな単位の表現を作るか，それらの単位をどのようにして示すかなどについても詳しく見ていきます。

　この後の節で英語の文字・綴りの基本について確認した後，第 2 章では英語の記号とその機能，由来について見，第 3 章ではそれを踏まえ語句の省略の仕方 (例 Ltd. < Limited，scuba < self-contained underwater breathing apparatus) について扱います。第 4 章では，段落よりも大きい単位について，その表示の仕方，書式について扱います。

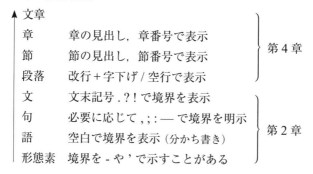

文章の階層構造

文章		
章	章の見出し，章番号で表示	第 4 章
節	節の見出し，節番号で表示	
段落	改行＋字下げ / 空行で表示	
文	文末記号 . ? ! で境界を表示	第 2 章
句	必要に応じて , ; : ── で境界を明示	
語	空白で境界を表示 (分かち書き)	
形態素	境界を - や ' で示すことがある	

　第 5 章では数字，数値，数詞に関わる事項とそれに関係する記号を扱います。研究社辞書編集部〔編〕／トム・ガリー〔監〕『英語の数量表現辞典〈増補改訂版〉』のように，数量表現の用法について詳しく記述したものは既にあるので，用法の詳細な記述よりも，原理や，分数を表すのに序数詞を使

うのはなぜかなど理由の部分に焦点を当てて見ていきます。

　第6章では発音記号を扱います。通常，英語で文章を書く時に発音記号は用いませんが，辞書の発音表記の利用は専門家に限るものではありません。しかし，その仕組みとなると学校では学ぶ機会はあまりありません。英語学習や英語使用の際に利用される発音記号について，その仕組みを確認します。

　最後の第7章では文字コードについて説明します。現在では膨大な量の文字や記号が電子的に処理されています。コンピューター内部では，文字（記号やタブ・改行などの制御文字を含む）1つ1つに固有の数値を割り当て処理しますが，文字と数値の間の"対応表"が文字コードです。この章ではこの文字コードの仕組みと種類について見ていきます。

2.　英語の文字，綴り

2.1　表語文字と表音文字，綴りの表語性

　文字は記号の一種ですが，交通信号の赤・黄・青，道路標識などの記号と異なるのは，言語を書き記すためのものである点です。したがって，文字は基本的に1字が対応する言語的な単位を基に分類することができます。言語の基本的な単位としては，語，形態素，音節，単音（母音，子音）などが挙げられます。形態素 (morpheme) は意味を持つ最小の言語単位で，語は1つ以上の形態素からなります。例えば，runners という語は {run}, {er}, {s} という3つの形態素から構成されます。{run} と違って，{er} /ɚ|ə/[1]，{s} /s, z, ɪz/ は単独では語を構成せず，必ず語の一部として現れますが，それ自体意味を持ち，形態素となります。run と runner, runner と runners の意味の違いを考えれば，{er}, {s} それぞれが独自の意味を表すことがわかります。{run} の発音 /rʌn/ は複数の音からなり，/r/, /ʌ/, /n/ の3つに分解することができますが，分解された要素1つ1つは特定の意味を持ちません。

　漢字1字は語や形態素を表します。例えば「山」を訓読みする場合，「山」

---

[1]　/ɚ|ə/ の左はアメリカ英語，右はイギリス英語での発音を表します。

は「山」という語を表します。「雪山」「冬山」のようにより大きな語の一部として現れることもあります。これに対し，音読みの「山」（連濁を起こすと「山」）の場合，単独で語として用いることはできず，「山脈」「高山」のように必ず他の要素と一緒に現れ，語の一部を構成します。「山」は単独では現れることができず語にはなりませんが，それ自身の意味を持つ要素で形態素です。音読みの「山」は語ではなく形態素に対応することになります。このように，基本的に漢字1字は語ないし形態素を表します。語を表す文字を「表語文字」と言いますが，これに倣えば形態素を表す場合は「表形態素文字」と呼ぶことができます。漢字は，表語文字，表形態素文字ということになります。意味を持つ語・形態素を表すということで，漢字を「表意文字」と呼ぶこともあります。

　次に「表音文字」と呼ばれる文字について見てみましょう。仮名は「い」/i/，「か」/ka/，「テ」/te/ のように1字は音節を表し，表音文字です。ローマ字は音節をさらに分解した単音を表しますが，ローマ字のように子音も母音も表記する体系を「アルファベット」と呼びます。文字のなかには，アラビア文字のように子音だけを表記する体系もあり，狭義のアルファベットとは区別されます。

　一般に単音もしくは音素を表すことを原則とする書記法の文字の一組のことを「アルファベット」と呼びます。したがって，ギリシャ文字や，ロシア語などの表記に使用されるキリル文字もアルファベットの一種です。これらの文字と区別して英語の表記に使われる文字 (ABC...) のことを指す場合には「ラテン文字」「ローマ字」などと呼びます。

ギリシャ文字	Α Β Γ Δ Ε Ζ Η Θ Ι Κ Λ Μ Ν Ξ Ο Π Ρ Σ Τ Υ Φ Χ Ψ Ω
	α β γ δ ε ζ η θ ι κ λ μ ν ξ ο π ρ σ τ υ φ χ ψ ω
キリル文字	АБВГДЕЁЖЗИЙКЛМНОПРСТУФХЦЧШЩЪЫЬЭЮЯ
	абвгдеёжзийклмнопрстуфхцчшщъыьэюя

　アルファベット (ラテン文字) は表音文字に分類される文字で，基本的に語の発音を表しますが，文字レベルでは表音文字であるアルファベットも，綴りにおいては表語性，表形態素性が見られます。次の各組の発音は同じ

ですが，綴りの違いにより指す語が異なるという点で表語的です。それ自体は発音されない黙字も語の識別に役に立っています。

/naɪt/	night knight	/saɪd/	side sighed
/raɪt/	right rite wright write	/siː/	see sea
/veɪn/	vain vein vane	/streɪt/	straight strait

　綴りが直接的，間接的に語の内部構造を示すこともあります。通常，⟨ed⟩ の綴りで過去形・過去分詞の接辞を表すため，語末の ⟨d⟩，⟨t⟩ の綴りはそれより前に現れている形態素の一部であることを示す機能を持つことになります。次の各組を比べてみると，綴りが持つ表形態素的な性質が見て取れます。

candied	crowed	banned	fined	balled	missed	rapped	rayed
candid	crowd	band	find	bald	mist	rapt	raid

pleas̲ は plea + 接辞 s だが please の s は接辞ではない，というように，黙字の e が直前の s が接辞でないことを示すこともあります[2]。

please	tease	tense	cleanse	parse	rehearse
pleas	teas	tens	cleans	pars	rehears

　記号類も表語性，表形態素性に関わります。son's, sons, sons' は，⟨'⟩ を除けば同じ文字の並びで，発音はどれも /sʌnz/ ですが，⟨'⟩ の有無・位置により同じ語の異なる変化形であることがわかります。

/sʌnz/	son's	単数形所有格（あるいは単数形 +is/has の縮約形）
	sons	複数形
	sons'	複数形所有格

　このように，綴りのレベルで見ると，表音文字で綴られる英単語においても表語性，表形態素性が見られることがわかります。

2　詳しくは大名力（2021）『英語の綴りのルール』を参照。

　この後は文字および綴りにおける表音の機能について見ていきますが，紙幅の都合で例外や細かい規則に触れる余裕はないので，詳細については『英語の文字・綴り・発音のしくみ』，『英語の綴りのルール』を読んでもらうことにし，ここでは基本的な部分についてのみ説明します。

2.2　英語の綴りの表音の仕組みの基本

2.2.1　音と文字・綴りのずれ

　英語の綴りを理解しにくくしているのが，音と文字・綴りの間のずれです。まず，音と文字を明確に区別する必要があります。密接な関係があるのはもちろんですが，「母音」「子音」は音を，「母音字」「子音字」は文字を表し，別のものです。例えば，name の e は発音されず母音も子音も表していませんが，met /e/, athlete /iː/ のように e は基本的に母音を表す文字であり，母音字に分類されます。know, knife の k も発音されませんが，基本的に子音 /k/ を表し，子音字に分類されます。w と y は母音字にも子音字にもなります。

　　母音字　a e i o u w y
　　子音字　b c d f g h j k l m n p q r s t v w x y z

2.2.2　母音字・子音字の基本的な音価

　綴りにおける発音と綴りの関係から見ると，子音字には 1 音を 1 字で表す「単子音字」，同じ子音字 2 字で表す「重子音字」[3]，複数の文字の組み合わせで表す「複子音字」があります[4]。重子音字は複子音字の一種です。

　　単子音字　　　　b c d f g h j k l m n p q r s t v w x y z
　　重子音字　　　　bb dd ff ck ll mm nn pp rr ss tt zz
　　複子音字　　　　ch /tʃ/, ng /ŋ/, ph /f/, sh /ʃ/, th /θ, ð/, wh /(h)w/

---

[3]　/k/ を表す c, k の重子音字は ck となります。通常 kk は用いられず（trekking, trekker などは例外），cc は，e, i, y が続く場合は単子音字の連続 c /k/ ＋ c /s/，それ以外では重子音字 cc /k/ となります。

[4]　「単子音字」「複子音字」は大名（2017）より使用している独自の用語で，大名（2021）でも使用しています。

　単子音字の c, g, x には注意が必要です。x は 1 字で 2 音 /ks, gz/ を表す特殊な文字ですが，語頭では /z/ を表します（例 xylophone, xenon, xenophobia）。c, g の発音は，e, i, y の前では /s, dʒ/，その他では /k, g/ が基本です。

c	e, i, y の前	/s/	center city spicy
	その他	/k/	cat come cut; cream; music
g	e, i, y の前	/dʒ/	age giant gym
	その他	/g/	gate got gum; green; bag

　母音字にも，1 音を 1 字で表す「単母音字」，同じ母音字 2 字で表す「重母音字」，異なる文字の組み合わせで表す「複母音字」があります[5]。重母音字 ee, oo は複母音字の一種です。

単母音字	a e i o u y								
複母音字	ee ea	ai ei oi	au eu ou	ie ei ui
	oo oa	ay ey oy	aw ew ow	

　日本語でも母音字を 2 つ繋げ「ああ」「おう」で 2 つの母音の連続や長母音 [aa, aː], [ou, oː] を表すように，英語でも基本的に複母音字は長音（長母音，2 重母音）を表します。ēa / ēa, ȯw / ōw などについている記号は，同じ綴りの異なる発音を区別するために付けたものです（次ページ表 1–1）。

　複母音字は基本的に長音を表しますが，ēa, oo (head, book) のように，歴史的な音変化の過程で短音となったものもあります。発音は短音となっていますが，綴り字上は現在も長音と同じ扱いで，例えば下の例のように，-ing などの接辞を付ける時に子音字を重ねません。

単母音字・短音	bet	betting	put	putting
複母音字・短音	hĕad	hĕading	lŏok	lŏoking
複母音字・長音	hēat	hēating	shōot	shōoting

「単母音字」「複母音字」は大名 (2017)，大名 (2021) で使用している独自の用語で，大名 (2014) で「1 字綴りの母音字・母音字 1 字」，「2 字綴りの母音字・2 重母音字」と呼んでいたものに当たります。

	複母音字による長音				後続のrによる長音の変形			
a_			au aw	ai ay				air
			/ɔː/	/eɪ/				/eə˞/
e_	ee	ēa ēa	eu ew	ei ey	eer	ēar ēar	eur	eir
	/iː/	/iː//e/	/juː/	/eɪ/	/ɪə˞/	/ɪə˞//ə˞ː/	/jʊə˞/	/eə˞/
o_	ōo ōo	oa	óu ów /aʊ/	oi oy	oor	oar	our	
	/uː//ʊ/	/oʊ/	ōu ōw /oʊ/	/ɔɪ/	/ʊə˞/	/ɔə˞/	/aʊə˞/	

	hēad bōok	law may new	they còw lōw boy
see	hēat fōod boat	auto mail neutral	feint òut sōul boil
deer	hēar hēard poor roar	hair euro	their sour

表 1–1: 複母音字の音価と単語の例

　単母音字 a, e, i, o, u, y には短音と長音の読みがあります。複母音字と同様，r が続くと発音が変わる場合があります。こちらも音価の違いを表すのに記号を付けます（表 1–2）。

短音		長音			短音		長音	
ă	/æ/	ā	/eɪ/		ăr	/ɑ˞/	ār	/eə˞/
ĕ	/e/	ē	/iː/		ĕr	/ə˞ː/	ēr	/ɪə˞/
ĭ	/ɪ/	ī	/aɪ/		ĭr	/ə˞ː/	īr	/aɪə˞/
ŏ	/ɑ|ɔ/	ō	/oʊ/		ŏr	/ɔə˞/	ōr	/ɔə˞/
ŭ	/ʌ/	ū	/juː/		ŭr	/ə˞ː/	ūr	/jʊə˞/
y̆	/ɪ/	ȳ	/aɪ/		y̆r	/ə˞ː/	ȳr	/aɪə˞/

短音	măd mĕt sĭt hŏp cŭt gy̆m	căr hĕr fĭr fŏr cŭr
長音	māde mēte sīte hōpe cūte by̆te	cāre hēre fīre fōre cūre tȳre

表 1–2: 単母音字の音価と単語の例

2.2.3　音節構造と単母音字の発音

　単母音字の長短の違いは音節構造と関係します。母音で終わる音節を「開音節」，子音で終わる音節を「閉音節」と言いますが，開音節では長音，閉音節では短音となります。

| 開音節・長音 | ā | bē | hī | nō | mū | mȳ |
| 閉音節・短音 | ăn | bĕt | hĭt | nŏt | mŭg | mȳ̆th |

発音上は開音節と解釈されうるが短音で読ませたい場合，重子音字を使用し (e.g. ha<u>mm</u>er)，1字は前 (ham-)，もう1字が後ろ (-mer) に付くように綴ることで，短音の母音字が見かけ上閉音節に現れるようにします。以下，綴り字上の音節の境界をピリオド <.> で表すことにします。

hăm.mer　bĕt.ter　bĭt.ter　lŏb.by　gŭt.ter

hit に -ing や -er など母音字で始まる接尾辞を付ける時は t を重ねて hitting, hitter としますが，これも同じ理由からです。

hăm.ming　bĕt.ted　hĭt.ter　lŏb.bing　gŭt.ting

音節間に子音字が1つしかない場合 (e.g. data) は，前に付けば第1音節は閉音節 (<u>dat.</u>a)，後ろに付けば開音節 (<u>da.</u>ta) になるため，短音・長音両方の可能性が出てきます。

| 長音 | dă̄ta[6] | stūdent | nāture | Pōlish | mōdal | ēven |
| 短音 | | stŭdy | nătural | pŏlish | mŏdel | sĕven |

語末で閉音節だけれども単母音字を長音で読ませたい場合に，黙字の e を使用し，見かけ上開音節にします。

mĕt　　単母音字 e は閉音節なので短音

mē.te　単母音字 e を長音で読ませるため，黙字の e を付ける

meet　複母音字 ee は閉音節でも長音

このように英語では，いくつもある母音を a, e, i, o, u, w, y の7文字の組み合わせで表示する仕組みになっています。

6　data には /dáːtə/ の発音もあります。/ɑː/ は大名 (2014) では ä で表した音です。

2.3　アクセント記号

àáâ の a の上に付いている記号がアクセント記号 (アクセント符号，accent mark) です[7]。

à	grave (accent)	/gréɪv ǽksent/	グレイヴ・アクセント
á	acute (accent)	/əkjúːt ǽksent/	アキュート・アクセント
â	circumflex	/sə́ːkəmflèks/	サーカムフレックス
ã	tilde	/tíldə/	チルダ
ä	dieresis	/daɪérəsɪs|daɪíərəɪs/	ウムラウト，トレマ
å	ring	/rɪŋ/	リング
ç	cedilla	/sədílə/	セディーユ

表1–3: アクセント記号と名称

「発音区別符号」と呼ばれることもあるように，同じ文字が表す異なる発音を区別する時などに用いられます。英語でも同じ文字が異なる音を表しますが，基本的にアクセント記号は用いません。上で見た通り，複母音字や複子音字を利用するなどして異なる音価を示す方法を使いますが，そのような方法が取られていない場合でも，アクセント記号は用いません。仮に ĕlĕvẹn /ɪlévən/，ēven /íːvən/ のように表記すれば発音の違いは明確になりますが，既に語の発音が /ɪlévən/，/íːvən/ であることがわかっている話者にとっては，書く (入力する) 手間が増えるだけで，アクセント記号を付け区別することにメリットはほとんどありません。方言により lĕver /lévɚ/，lēver /líːvə/ のように発音が異なる場合，また，data のように同一方言でも複数の発音がある場合，アクセント記号の付け方も変わってしまう (例えば

---

[7]　狭義のアクセント記号を含む，文字に添えられる記号のことを “diacritical mark” と呼びます。「ダイアクリティカルマーク」「区分記号」「補助記号」「区別的発音記号」(「記号」は「符号」とも訳される) などいろいろな訳語があります。用法により「分音記号」「分音符」などとも呼ばれます。言語により用法が異なることもあり各記号の分類，名称も様々ですが，ここでは，これらをまとめて「アクセント記号」と呼ぶことにします。

dāta /déɪtə/, dăta /dǽtə/, däta /dɑ́ːtə/) などの問題もあります[8]。

　現在, 小文字の i には点がありますが, 元々は大文字の I と同様に点は
ありませんでした。縦棒を中心とした nmu などの文字の前後では ι は判別
しにくく, 目印として付けた <´> のような印が字体の一部として取り入れ
られたものが i の点です。字体の一部ではありますが, 他のアクセント記
号を付ける時は省かれ, 扱いが字体を構成する通常のストローク (筆画, 字
画) とは異なるところがあります。

ı ı ì í î ï ī ĭ ǐ

なおトルコ語では点のない大文字の I に対応する小文字は ı で, 小文字 i に
対する大文字は点のある İ で, Iı と İi は異なる音を表します。

トルコ語　Iı İi

　上で見た通り e は黙字として用いられるため, 元の言語の綴りになくと
も「酒」saké, sakè, sakë のようにアクセント記号を付けて黙字でないこと
を示すこともあります。pokémon に付いている記号も黙字でないことを示
すものです。

　naïve の i に付いている記号 <¨> は分音記号で, 母音字の連続を, 複母
音字としてではなく, 単母音字の連続として読む時に付けます。フランス
語で ai は 2 字で [e, ɛ] と読みますが, aï なら a と i を別々に読みます。英
語でも昔の文書で coördinate のような表記を目にすることがあります。こ
れは oo を複母音字 oo /uː/ (oor /ʊɚ/) と読ませないためのものです。現在で
は, co-ordinate のように, ハイフンを用い単母音字の連続であることを明
示するのが普通です。

　英語におけるアクセント記号の使用は限定的で, 使用される場合は
fiancé, naïve, garçon, résumé, El Niño, Günther, Dvořák など, 外来語や人
名等での使用に限られるため, 使用されると目立ち, 外国, 外国語, 異文
化やそれらに由来することなどを想起させる効果を持つことになります。ア

---

[8]　逆に言えば, 複数の読みが可能である表記法であるがゆえに複数の発音が可能と
　なるところもあるわけですが。

イスクリーム・ブランドの Häagen-Dazs（ハーゲンダッツ）はアメリカ合衆国発祥ですが，その名称はデンマーク語風に聞こえる／見えるように作られた造語です。実際にはデンマーク語にはこのような語，文字，綴りはなく，<¨> は通常の英語の語とは違うように見せるためのもので，aa, zs の綴りとともにアクセント記号を使用することで特別な感じを作り出しています。

　アクセント記号が持つこのような効果を利用し，音を表す発音区別符としての本来の働きとは別に，見た目の効果を狙ってアクセント記号が用いられることがありますが，このようなアクセント記号の使用はそう珍しくはなく，ヘヴィメタルのロックバンド名を表記する際に多く用いられたことから，「メタル・ウムラウト」「ヘヴィメタル・ウムラウト」(metal umlaut, heavy metal umlaut) などと呼ばれています。

バンド名（Wikipedia より[9]）

Blue Öyster Cult	Beowülf	Leftöver Crack
Motörhead	Mütiilation	Überzone
Mötley Crüe	Svarte Köter	Assück
Deströyer 666	Infernäl Mäjesty	Közi
Maxïmo Park	Queensrÿche	girugämesh
Toilet Böys	Die Ärzte	The Accüsed
Kïll Cheerleadër	Dälek	The Crüxshadows
Spı␣nal Tap	Moxy Früvous	Flëur
Mägo de Oz	Lääz Rockit	Blüe
Green Jellÿ	Hüsker Dü	

　なお，『風の谷のナウシカ』の主人公の名前のローマ字表記 Nausicaä はホメロスのギリシャ語叙事詩『オデュッセイア』に登場するスケリア島の王女 Ναυσικάα (Nausicaä) から取られたものでメタル・ウムラウトではありませんが，aä という英語にはない綴りが独特な感じを作り出しているところがあります。

9　https://ja.wikipedia.org/wiki/%E3%83%A1%E3%82%BF%E3%83%AB%E3%83%BB%E3%82%A6%E3%83%A0%E3%83%A9%E3%82%A6%E3%83%88

第❷章
英語の記号

1. 分離記号
2. ハイフン，マイナス，
   ダッシュなど
3. 省略記号
4. 文末記号
5. 引 用 符
6. 括　　弧
7. ギリシャ文字
8. その他の記号

英語で文章を書くには，A から Z までの 26 文字（大文字と小文字で 52 文字）に加え，ピリオド <.>，コンマ <,> などの記号（符号）も用いる必要があります。日本語の表記で用いられる記号でも用法が異なるものがあり，注意が必要です。本章では前章で見た語の綴りの体系とは別の観点から英語の表記法について見ていきます。

以下，地の文の句読点と区別するのに記号を <,> <.> のように <> で括って表します。

1. 分離記号

1.1 分かち書き：語への分割

通常，日本語では分かち書きはしませんが，これは，漢字，平仮名，片仮名，アルファベットなど異なる文字種が混在することが分かち書きに似た効果を生み，分かち書きしなくとも読みやすいためです。すべて表音文字の平仮名で表記した場合と比べてみると，その効果がわかります。

第 2 会議室でクラブ OB 会が開催される。
だいにかいぎしつでくらぶおーびーかいがかいさいされる。

英語をアルファベットで表記する場合も，続け書きすると読みにくいので，スペースを入れ分かち書きします[1,2]。

---

[1] 中国語を漢字のみで綴っても読みにくくないのは，漢字が基本的に 1 字が 1 語，1 形態素を表す表語文字で，文字の境界が英語の語の境界に相当するためです。

[2] コンピューター上では，スペースが使用できない，あるいは用いない方が都合がよい場合に，john_smith のように，下線（斜体，太字などと同様の文字飾りではなく，underscore という記号 <_>）が代わりに用いられることがあります。
　ファイル名　mother_goose.mp3
　Wikipedia の URL　https://en.wikipedia.org/wiki/Mother_Goose
　プログラミング言語の変数名　num_of_letters
また，斜体が使用できない時に該当部分の前後を _ で示すことがあります。
　強調　He _did_ know that.
　書名　_The English Writing System_

Checkifitisinthelistofoptions.

Check if it is in the list of options.

　基本的に分かち書きの単位が正書法上の「語」となりますが，言語学的な意味での「語」とは一致しないこともあります。例えば，名詞 day と名詞 care を組み合わせた複合語は全体として語となりますが，正書法上は daycare, day care, day-care のように綴られます。どの綴りであっても，全体で語であることは変わりません。

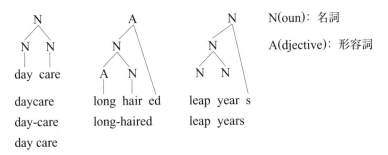

N(oun)：名詞

A(djective)：形容詞

long-haired は，形容詞 long と名詞 hair からなる複合名詞に接尾辞 -ed が付き形容詞となったものですが，-ed の前にはスペースなどの分離記号は入れられません。long haired のようにハイフンではなくスペースで分かち書きされる書き方を見ることもありますが，その場合でも語の構造が変わるわけではありません。

$[_A \ [_A \ [_A \ \text{long}] \ [_N \ \text{hair}]] \ \text{-ed}]$

leap years は複合語 leap year（閏年）に複数形の接尾辞の -s が付いたものですが，正書法上の語はスペースで分かち書きされた leap と years になります。

$[_N \ [_N \ [_N \ \text{leap}] \ [_N \ \text{year}]] \ \text{-s}]$

　theory に -etic が付いて形容詞になると theoretic になりますが，名詞 set（集合）と名詞 theory（理論）からなる複合語 set theory（集合論）に -etic が付くと set theoretic になります。

[_A [_N [_N set] [_N theory]] -etic]

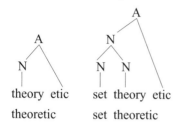

意味的には set と theory が 1 つのまとまりになりますが，発音上は theory
と接尾辞 etic が 1 つになった theoretic が一塊となり，意味と形にずれが生
じます。

1.2　語の分離，結合

　単語の分離，結合には，day-care のように，ハイフン <-> が用いられま
す。day-care の <-> は，分かち書きされた day care を基に考えれば連結の
働き，分かち書きなしの daycare を基に考えれば分離の働きをしていると
捉えることができますが，両者を区別せずに「結合」の表現を用いること
があります。また，「分離」の代わりに「分割」を用いることもあります。

　<-> は smoke-free，cost-cutting，matter-of-factly（< "matter of fact" +
-ly）のように複合語において構成要素を結合したり，re-creation のように
他の語（recreation）との区別，意味・構造の明示化のために挿入したり，
co-operation のように，oo が /uː/ と読まれないように挿入されることもあ
ります[3]。

---

[3]　フランス語からの借入語 naïve, Noël に見られる <¨> は分音記号で，複母音字 ai,
　　oe ではなく，単母音字の連続 a+i, o+e であることを示しますが，英語ではこの記
　　号を付けず，naive, Noel と綴ることもよくあります。英語でも，coöperation,

歌詞で語を音節に分割したり（"Twin-kle, twin-kle, lit-tle star"），行末で単語を分割し後半部を次の行に持っていったりする際にも <-> が用いられます。

Twin and adoption studies have shown that inheritance is a strong determinant of personality. But some

音節 (syllable) に分割するので "syllabi(fi)cation"（日本語では「分節(法)」「分綴(法)」）と言います。分割の際にハイフンを用いることから hyphenation とも呼ばれます。分綴の規則は複雑ですが，規則がわからなくても，辞書に示されている分割方法に従っていれば問題ありません[4]。

　hand-made のように <-> を含む語は <-> の後ろで分割することができます。そのため，hand-/made（/ は改行位置）は，hand-made を分割したものか，handmade を分割し <-> を挿入したものか，区別が付かなくなります。紙の辞書では両者の区別が付くように，異なる記号（<-> と <⸗> など）を用いることがあるので，例文を利用する際には気を付けましょう[5]。

　<-> で語の一部を構成することを示すことも一般に行われ，co-, re- のように接頭辞には最後に，-er, -tion のように接尾辞には前に <-> を付けます。

　単語内の分離記号としてアポストロフィー <'> が用いられることもあります。例えば，文字 i の複数形 /aɪz/ を is と綴ると語の構造がわかりにくいですが，<'> で語幹と接辞との境界を表し i's とすると認識しやすくなります。*is*, *r*s（i と r がイタリック）のような書き方では書体の違いで語幹と接辞

---

　coördinate のように，分音記号が使われたこともありますが，今は cooperation と書くか，必要があればハイフンを用い co-operation と書くのが普通です。

[4]　詳しくは大名 (2014) の第 IV 章「分綴法」をご覧ください。

[5]　紙媒体では行の幅が固定され，それに合わせて単語が分割されることが多いのに対し，ウェブページや電子辞書のような電子媒体のものでは行の幅が固定されないことも多く，単語を分割することは少なくなります。

の違いがわかります。compact disc の略 CD の複数形は CDs とも CD's とも表記されますが，大文字と小文字の違いから境界が明らかなため，<'> なしの表記も多く用いられます。OK'ing（動詞 OK の -ing 形）などでも，語幹部分と接辞の境界を示すため <'> が使われています。

　80 年代を表す 80's では <'> は分離記号，'80 では <'> は 1980 の 19 を省略したことを示す省略記号と，その働きは異なっています。

80's　　　80 年代　　　<'> は分離記号　（<'> なしの 80s の表記も可能）

'80　　　1980 年　　　<'> は省略記号

　日本語をローマ字表記する際，例えば，「谷」と「単位」を区別するために，tani に対し tan'i/tan-i のように <'> や <-> を挿入します。日本人の名前をローマ字で表記する際にも，Shin'ichi, Shin-ichi のように，分離記号としてこれらの記号が用いられます。

1.3　語と句：everyday と every day

　分かち書きされない daycare，ハイフンで区切られた day-care は語，分かち書きされた day care は語にも句にもなります。

　　　　句的　　day care > day-care > daycare　　語的

day care と daycare では意味は変わりませんが，次の例のように，スペースの有無で語か句かが区別され，意味が変わることもあります。

a black board　黒い板　　　　a green house　緑色の家
a blackboard　黒板　　　　　a greenhouse　温室

a dark room　　暗い部屋
a darkroom　　暗室

"dark room" なら「暗い部屋」で句（"a" が付いて名詞句），"darkroom" なら複合語で「暗室」。前者では，形容詞 dark に very を付けて "a very dark room" と言うことができますが，後者の dark は複合名詞の一部なので very

で修飾することはできません。

[NP a [AP very dark] room]　　　　NP: 名詞句 (noun phrase)

×[NP a very [N darkroom]]　　　　AP: 形容詞句 (adjective phrase)

dark+room が句か語かで性質が異なりますが，この違いがスペースの有無で表されることになります。

　次の場合，スペースの位置によって語のまとまり方が変わり，句全体の意味が変わります。

a secondhand book　[a [second hand] book]　古本

a second handbook　[a second [hand book]]　2 番目のハンドブック

a lighthouse keeper　[a [light house] keeper]　灯台守

a light housekeeper　[a light [house keeper]]　軽い家政婦

　スペース区切りの every day は句で，全体として名詞句となり，前置詞なしで副詞的にも用いられます。それに対し，スペースなしの everyday は語で，「毎日の」の意味の形容詞となります。

He was there every day.　[NP [A every] [N day]]　　句 (名詞句)

in everyday life　　　　　[A [A every] [N day]]　　語 (形容詞)

他の「every + 名詞」で副詞的に用いられる表現と関連付けると，スペースの有無が記憶しやすくなります。that day なども副詞的に使われますが，こちらも句でスペースが入ります。

every day	毎日	that day	その日
every week	毎週	that week	その週
every month	毎週	that month	その月
every year	毎週	that year	その年

every one (of X) (X は誰・どれでもみんな) なら句，everyone (誰でも，みんな) なら語となります。

20　第2章　英語の記号

every one（of the students）　スペースあり，句（名詞句）
everyone　　　　　　　　　　スペースなし，語（代名詞）

　high school は複合語なのでスペースを入れずに highschool と綴る可能
性もありますが，実際には分かち書きされます。elementary school, prima-
ry school と同じと考えると間違えにくくなります。

　　elementary school
　　　primary school
　　　　high school

　today は元々＜前置詞 to ＋名詞 day＞で前置詞句だったものが 1 語となっ
て副詞となり，名詞としても使われるようになったものです。today's のよ
うに所有格にできることから，名詞としての用法があることが確認できます。

　句　to day > to-day > today　語
　　　　　　today's　所有格（名詞）

　tonight, tomorrow も同じように発達したものですが，次のように並べて
みると語の成り立ちがよくわかり，tomorrow の綴りも間違いにくくなり
ます。

to day　　　　to-day　　　　today
to night　　　to-night　　　tonight
to morrow　　to-morrow　　tomorrow

tomorrow は to+morrow。morrow は「朝」を表す古語です。英語には mm
で始まる単語はないので，×tommorrow にならないことがわかります[6]。
　なお，夕方，夕べを表す名詞が eve, even, evening で，朝が morrow, morn,
morning です。歴史的には even, morn（の元の形）の n が脱落したのが eve,
morrow です。また，名詞 even から派生した動詞 even に名詞派生接辞 -ing

---

[6]　morrow で r が重なることも，árrow, nárrow, spárrow, bórrow, sórrow などの語
　　の綴りと関連付けると記憶に残りやすくなるでしょう。

が付いたものが evening で，後に動詞
even は廃用となりました。morning は
evening を基に morn に -ing を付けた
形で，evening も morning も -ing が付
いた形の方が通常の語形となり，現在
では eve, even, morrow, morn は特殊な
意味で使われます。

　現在は 1 語として綴られる neverthe-
less も元は never the less と書かれた句
で，3 語とも副詞です。副詞の the と聞
くと，そんなものがあったかと思う人
もいるかもしれませんが，"the more,
the better" のような「the 比較級 …, the
比較級 …」の構文でお馴染みのもので
す。

表 2–1: morning, evening などの関係

The more, the better.
　　　　　　　　　　関係副詞: どれだけ
　　　　　　　　　　指示副詞: それだけ，その分

2 番目の the は指示副詞で，形容詞・副詞の比較級を修飾して「それだけ，
かえって，ますます」などの意味を表します。"the less"（「それだけ / その分
程度が下」）を never で否定し「その分程度が下ということは決してなく」と
なり，「それにもかかわらず」の意味を表すことになります。これが分解さ
れずにひとまとまりで「それにもかかわらず」を表すものと捉えられると
1 語扱いで副詞となり，スペースなしで nevertheless と書かれるようにな
ります。never の代わりに none を使った nonetheless も同様です。

　他にも句が約まって 1 語扱いになったものに because があります。

because of 名詞句　　< by cause of 名詞句
because 節　　　　　< by cause (that) 節

because は元々 by+cause でした。cause は名詞で理由，原因を表します。前置詞 by が付いた by cause of . . . で，「. . . の理由／原因により」となります。by と cause が一塊として捉えられ副詞，接続詞となり，スペースを入れずに because と書かれるようになりました。名詞 cause に同格の that 節が続くと by cause that 節の形になります。by cause が1語となり接続詞となり，that を介さずに節を直接取るようになり，現在の接続詞 because となりました。

　次に a three-year-old boy のような，ハイフンで繋がれた名詞の前位修飾語の表記について考えたいと思いますが，まずその前に語・句の主要部について。2つの要素を結合した時に全体の品詞，意味を決定するのが主要部 (head) です。go to school の school は名詞で単独で名詞句になり，これに前置詞 to が付いた to school は前置詞句になります。前置詞句は副詞的に使われたり名詞を修飾したりしますが，その性質を決めているのは主要部となる前置詞 to で，句の最初に来ます (head-first)。to school のさらに左側に go が付くと，動詞 go を中心とした動詞句ができますが，この場合も主要部の動詞は最初に来ます。

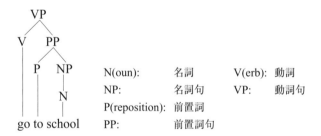

N(oun):	名詞	V(erb): 動詞
NP:	名詞句	VP: 動詞句
P(reposition):	前置詞	
PP:	前置詞句	

このように英語の句では主要部が句の最初に来ますが[7]，日本語では逆に句の最後に来る (head-last) ので「学校 – に – 行く」と順序が逆になります。

　同じ「蜜」と「蜂」の組み合わせでも「蜜蜂」なら「蜂」，「蜂蜜」なら「蜜」の一種を表し，最後に来る要素が主要部になりますが，句の場合と違い，英語でも複合語では主要部は最後に来ます。blackboard, greenhouse

---

[7]　ここでは説明しませんが，主要部よりも左に来る要素もあります。

が名詞で board, house の一種を表し，coal-black (真っ黒な), snow-white (雪のように白い) が形容詞で black, white である状態を表すのは，それぞれ最後に来る要素, board, house (名詞) と black, white (形容詞) が主要部となり全体の性質を決めるためです。

　語を組み合わせてより大きな単位の要素を作っても，できるものが句か語かで違いが生じます。例えば watching と bird(s) の組み合わせでも，句となる watching birds では主要部である動詞 watching が最初に来て動詞句になりますが，複合語の bird watching (bird-watching) では主要部の watching は後ろに来ます。句の watching birds では複数を表す屈折接辞 (活用語尾) の -s が bird に付くのに対し，複合語の bird watching では付かないという違いもあります。

　形容詞 proud は叙述的にも限定的にも用いることができますが，proud の後ろに of 句を付けた proud of his son という形容詞句は，叙述用法では使えますが，限定用法では使えません。

　　The father is [形容詞句 proud of his son]. 　　(叙述用法)
　×a [形容詞句 proud of his son] father 　　(限定用法)

名詞の前の限定用法では主要部が最後に来るという点は句よりも複合語に似ています。

　「3 日」の意味の three days は句で，意味に合わせ複数形になります。the three days' trip なら three days' は所有格の名詞句で複数形です[8]。しかし，the three-day trip では three-day は名詞の前位修飾語で句ではなく，複数を表す屈折接辞 -s は付きません。このように名詞の前位修飾語として働くときは複合語になり，three-day とハイフンで繋がれ -s が付きませんが，同様の特徴は次の例のイタリックの箇所でも見られます。

　　The boy is *three years old*. 　　(叙述用法)
　　a *three-year-old* boy 　　(限定用法)

---

[8] three days trip のように <'> なしで綴られることもありますが，この場合は所有格との区別が付きにくくなります。

叙述用法ではスペース区切りで three years old と書かれ years は複数形で通常の句と同じですが，限定用法の three-year-old では -s が付かずハイフン繋ぎになります。

as a matter of fact は前置詞 as + 名詞句 a matter of fact からなる前置詞句ですが，as, a が落ちた matter of fact の形でも副詞的に使われます。

表　記	構　造
as a matter of fact	[前置詞句 as [名詞句 a matter of fact]]
matter of fact	[副詞 matter of fact]
matter of fact	[名詞 matter of fact]
matter-of-fact	[形容詞 matter-of-fact]
matter-of-factly	[副詞 [形容詞 matter-of-fact]ly]
matter-of-factness	[名詞 [形容詞 matter-of-fact]ness]

the matter-of-fact attitude, in a matter-of-fact manner では名詞を前位修飾する形容詞として働き，ハイフンで繋いで書かれます。この形容詞 matter-of-fact に接辞 -ly, -ness が付くと副詞 matter-of-factly, 名詞 matter-of-factness になります。

次の例のように -ly 副詞が限定用法の形容詞を修飾する場合，以前はハイフンで繋ぐこともありましたが，最近ではハイフンは使わない方が普通です。

a highly-competent teacher
a highly competent teacher

1.4　句，節，文の分離，結合

次に句，節，文を区切る記号として，ピリオド <.>，コンマ <,>，セミコロン <;> について見ましょう。この 3 つは，, < ; < . の順で要素を区切る力が強くなります。次の a では <,> が使われ，全体は 1 文のままですが，c では <.> が使われ，そこで文が切れ，全体としては 2 文となります。その中間が <;> を用いた b です。各記号の後ろには通常スペースを入れます。

a.　John came back, then Mary left.
b.　John came back; then Mary left.
c.　John came back. Then Mary left.

次のように従属節が主節に先行する場合，<,> で節の切れ目が示されていると英語が母語でない者にはわかりやすいのですが，<,> がないことも多いので，英文を読む時には構造をしっかり捉えることが大切です。

a.　If it is fine tomorrow the members will ...
b.　If it is fine tomorrow, the members will ...

コンマには等位接続された要素を区切る働きもあります[9]。

John, Bill, Dick and Harry

等位接続詞 and, or などが使われずに並列される場合，コンマを入れることも入れないこともあります。

young and tall men
young tall men
young, tall men

次の例のように，句のまとまりがわかりにくくなることもあるので気を付けましょう。

The government-developed system takes advantage of the precious seconds between the first indication of a powerful tremor and the arrival of the second, destructive terrestrial shock. ("Japan Unveils World's First Earthquake Early Alert System," VOA, 05 August 2006, 下線は大名)

関係節の場合，非制限用法では直前に <,> を入れ，制限用法では入れないのが基本ですが，この規則は守られていないこともあります。制限用法でも，関係節の前に挿入句があったり，修飾関係を示したりするために <,>

---

[9]　3つ以上の要素を等位接続詞で繋ぐ場合，John, Bill, Dick, and Harry のように接続詞の前にコンマを入れるべきかどうかについては議論があります。

が入るケースもあります。次は辞書の corpus の定義[10]ですが，関係節の前に <,> が置かれています。

a large collection of written or spoken language, that is used for studying the language

普通，関係代名詞 that は非制限的には用いられませんが，この場合も制限用法です。ではなぜ <,> が入っているかというと，that の先行詞は離れたところにある collection であり，直前の language ではないことを示すためです。このように制限用法の関係節の前に <,> が入ることもあります。通常，固有名詞が先行詞であれば非制限用法となりますが，コンマがないこともあります。自分で文章を書く時には規則に従った方がよいですが，実際の文章では上記の規則に合わない書き方がされていることもあるので注意しましょう。

　コロン <:> にはいくつか用法がありますが，主なものをいくつか挙げます。<:> の後は文頭に準じて語頭は大文字にすることがあります。

A.「発言者: 発言内容」「ニュースソース: 内容」など
　John: Have you read this book? / Mary: Of course.（対話文）
　UN: 500,000 Still Lack Permanent Housing
　Report: Aid Efforts Going Well

B.「主題: 副題」「一般的説明: 具体例」「トピック: 詳細」など
　The English Writing System: Its Structure, Origin, and Development
　There are two ways to classify them: by their size and by their color.
　Tsunami: 500,000 still homeless
　Date: May 25, 2017

B タイプでは，<:> は「すなわち」「言い換えると」「具体的に言うと」などと言い換えられるような関係を表します。

　<:> は "at 10:30 a.m." のように時刻を表すのにも用いられますが，英語

---

[10]　https://www.ldoceonline.com/jp/dictionary/corpus

では "at 1030 a.m." のように <:> なしの表記も用いられます。分野により
ますが，論文で出典を示す際，"Johnson (2016: 23)" のように，出版年と
ページ数を <:> で区切る方法もよく用いられます。

1.5　分離記号の間の関係

　ここまで，分離記号として，スペース，ハイフン，コンマ，セミコロン，
コロン，ピリオドについて見てきましたが，今度は，それらの間の関係に
ついて確認しましょう。

　分かち書きなし (φ)，スペース (で表記)，ハイフン，コンマ，セミコロ
ン，ピリオドの間の，要素を区切る力の強さの関係は一般に次のようにな
ります。

　　　　　区切る力：φ ＜ - ＜ ＜, ＜; ＜.

したがって区切り記号の使い方で意味が変わることがあります。early alert
systems では，［early ［alert systems］］（「初期の警告システム」）とも ［［early
alert］ systems］（「早期警告のシステム」）とも解釈できますが，<-> で繋ぐこ
とにより曖昧性を除くことができます。

　　early alert systems
　　early alert-systems　　　［early ［alert systems］］
　　early-alert systems　　　［［early alert］ systems］

［［early alert］ systems］の場合，early alert を後ろに持っていき前置詞で繋
ぐことで曖昧性が生じることを避けることもできます。

　　systems of early alert

early and recent alert systems では，recent は alert ではなく systems を修
飾するため，and で等位接続されている early も systems を修飾します。

　　early and recent alert systems
　　［［early and recent］ ［alert systems］］

区切りの記号とまとまりの単位の間でズレが生じることもあります。例えば，New York-Washington[11] は，<-> で繋がれた York と Washington が連結されているのではなく，空白を含む複合名詞 New York と名詞 Washington がハイフンにより連結されています。

New York-Washington
On the route New York-Washington, DC
from New York to Washington, DC

high school はスペース区切りで書くので，接尾辞 -er, -s を付けた high schoolers では，形の上では接尾辞 -er は school のみに付くので，正書法上の語と要素のまとまり方がずれることになります。

[[[high school]er]s]

次の例では，non- は French ではなく，French and Latin speaker に係っています。

a new generation of semi-educated, non-French and Latin speakers（McCrum et al.（1986）, p. 78）
[semi-educated, non-[French and Latin speaker]s]

次の例では，"Oakland, California"（「カリフォルニア州オークランド」）が一塊となり，それに -based が付いています。

an Oakland, California-based environmental group
[an [Oakland, California]-based environmental group]
a environmental group based in Oakland, California
[a environmental group based in [Oakland, California]]

---

[11]　ここでは，hyphen-minus と en dash を区別していませんが，区別する場合は，この場合，"New York–Washington" のように en dash が用いられます。en dash については次節で説明します。

　これらの係り方は，区切り記号を基に機械的に決めることはできないため，文脈から意味を考え，係り方を判断する必要があります。

2. ハイフン，マイナス，ダッシュなど

　一般的なキーボードで数字 <0> の右にあるキーで入力される，通常「ハイフン」と呼ばれる記号 (以下 <->) は，実際にはハイフンと他の記号を兼ねたものです。これは，タイプライターの時代，多くのキーを配列することはできず，字形の似ている文字・記号を兼用していたことによります。現在広く用いられている文字コードの Unicode では，この兼用の文字とは別に，それぞれの文字，記号に対して次のように個別のコードが割り当てられ区別されます。U+ で始まる数値 (16進数) は Unicode のコードポイント[12] を表します。「基本ラテン文字」などは Unicode でのブロック名を表します。ブロックとは符号位置の連続する範囲のことを言います。各文字の名称は HYPHEN-MINUS のようにすべて大文字で書くことになっていますが，ここでは小文字を用いて示します。

-	U+002D	hyphen-minus	基本ラテン文字
-	U+2010	hyphen	一般的な句読点
–	U+2013	en dash	一般的な句読点
—	U+2014	em dash	一般的な句読点
–	U+2212	minus sign	数学演算子

仮名漢字変換 (ローマ字入力) では「－」(ー) で呼び出せますが，変換後は欧文フォントに変更します。

	en dash	em dash	minus sign
MS 明朝 (和文フォント)	−	−	−
Times New Roman (欧文フォント)	−	—	−

　en dash <–>, em dash <—> という名称は，文字によって横幅が変わるプロポーショナルのフォントで小文字 n と m の横幅に相当する長さの dash

---

[12]　文字1つ1つに与えられている数値。詳しくは第7章「文字コード」を参照。

ということで名付けられたものですが，実際の長さはフォントによって異なります。

Times	Times New Roman	Courier	Courier New
n　m	n　m	n　m	n　m
－　——	－　——	－　—	－　—

"5-10" は <-> の解釈に応じて意味が異なるので，論文等では必要に応じて適切なものに置き換えます。

en dash　5–10　　5 から 10　　区間や範囲
hyphen　5-10　　5 の 10　　住所表記における番号の並びなど
minus　　5 - 10　　5 引く 10　　数学

昔はタイプライターで文章を作成する場合，<-> の前後にスペースを入れるか，<-> 2 つあるいは 3 つでダッシュを表していましたが，Unicode にはダッシュ専用の文字 (—, em dash) があるので，これを用います。

	Macintosh	Windows（Microsoft Word）
en dash	option + ⊟	control + テンキーの ⊟
em dash	option + shift + ⊟	control + alt + テンキーの ⊟

表 2–2: en dash, em dash の入力方法の例

Microsoft Word のデフォルトの設定では，<-> を連続して入力すると em dash に変換されます。上記の記号はどれもフォントにより横幅が大きく異なるので，英語の文章では Times New Roman などの欧文フォントにします。

　ダッシュ (em dash) には，語句の間に挿入されポーズを表す，語句の前後に付け補足説明などを挿入する，行頭に付け引用を示す，などいくつかの用法があります。

　ローマ字入力では，音引き < ー > の入力にハイフン <-> のキーを用いますが，フォントによっては，両者の区別が付きにくいことから，音引きとダッシュを混同して用いているケースが見られるので注意しましょう。

3. 省略記号

　<.> <'> は省略記号としても用いられます。日本人は <.> を中黒 <・> のような区切り記号あるいは連結記号と誤解し，U.S, Scene.5 のように用いることが多いので注意しましょう。United States を略す場合，各語に省略記号を付ける必要があるので，U.S. となります。ピリオドを用いないのならどちらにも付けず US とします。Chap. 5 の Chap. は Chapter の略なので <.> が付きますが，Scene では何も省略されていないので，<.> を付けず Scene 5 とします。Sc. 5 なら Sc. でよいことになります。

　月の名前を略記し <.> を付ける場合でも，May は元から 3 文字なのでピリオドは付けません（下線は省略した部分を表す）。

January	Jan.	May	May ←省略なし
February	Feb.	June	Jun.
March	Mar.	July	Jul.
April	Apr.	August	Aug.

　曜日名の場合，省略のないものはないので，<.> を用いる場合はすべてに付きます。

Sunday	Sun.	Thursday	Thu.
Monday	Mon.	Friday	Fri.
Tuesday	Tue.	Saturday	Sat.
Wednesday	Wed.		

　「午前，午後」を表す a.m./A.M., p.m./P.M. も，それぞれラテン語の ante meridiem, post meridiem という 2 語の略なので，大文字でも小文字でも，両方に <.> を付けるか，付けないかのどちらかになります。日本語の「午前，午後」に合わせ，時刻を表す数字の前に書いてしまう間違いをよく見ますが，英語では後ろに付けます。なお，「紀元前」を表す B.C.（Before Christ）は年の後に付け，「紀元」を表す A.D.（Anno Domini）は前に付ける

のが基本ですが，A.D. は後ろに付けられることもあります。

> 10:00 a.m.　　　A.D. 50（50 A.D.）
> 10:00 p.m.　　　50 B.C.

次のラテン語の略号は論文でよく用いられますが，<.> の使い方を間違いやすいので気を付けましょう。

cf.	< confer	"compare"	×c.f
e.g.	< exempli gratia	"for example"	×eg.　×e.g
N.B.	< nota bene	"note well"	×NB.　×N.B
c.	< circa	"about"	
i.e.	< id est	"that is"	×ie.　×i.e
etc.	< et cetera	"and so forth"	
et al.	< et alii/alia	"and others"	×et. al.

cf. は confer という 1 語を省略したものなので最後にまとめて <.> を 1 つ付け，×c.f. とはしません。逆に e.g. を×eg. とする間違いもよく見ますが，2 語の省略なので e.g. とします。et al. の et は何も省略していないので <.> は付けません（×et. al.）。

「原文のまま」を表す sic はラテン語の sic erat scriptum（"thus was it written"）から来ています。sic 自体は何かを略したものではないので，×sic. とはしません。

略号の複数形も間違いやすく注意が必要です。例えば以下の例では <.> の位置，pp. が複数形 pages を表すことに気を付けましょう。ll.（lines），§§（sections）なども複数形です。

vol. 1	< volume 1	1 vol.	< 1 volume
vol. 5	< volume 5	5 vols.	< 5 volumes
vols. 1–5	< volumes 1 to 5	※ vol.s としない	

p. 1	< page 1	1 p.	< 1 page
p. 5	< page 5	5 pp.	< 5 pages

pp. 1–5　　< pages 1 to 5　　　　※ pp. 5 は誤り（< pages 5）

日本語の「編」に当たる ed. (e.g. Smith (ed.)) では，編者が複数の場合，eds. (e.g. Smith and Jones (eds.)) を用いますが，複数の場合でも ed. を用いることもあるので，論文を投稿する際には規程で表記方法を確認しましょう。

アポストロフィー <'> は省略記号としても用いられます。次の例のように，省略した文字の部分に <'> を入れます。

it's（it is），'tis（it is），isn't（is not），we'll（we will），

'cause（because），o'er（over），o'clock（of the clock）

rock 'n' roll（rock and roll）

-ing /ɪŋ/ を俗語や方言で /ɪn/ と発音する場合がありますが，g を落とした発音ということで，-in' と綴ることがあります。

所有格の 's の <'> も省略記号が起源ですが，省略のない場合にも拡大され，さらには students' のように規則的な複数形の語尾に付け所有格を表すことになったものです。men's のように不規則な複数形の所有格では <'s> を付けます。

student's　　単数形 student の所有格
students'　　複数形 students の所有格
men's　　　　複数形 men の所有格

なお，日本でよく見られる X'mas の表記ですが，普通は Xmas と綴ります。X-mas と綴られることもあります。Xmas の X は Christ（ギリシャ語 ΧΡΙΣΤΟΣ）を表すギリシャ文字カイ（chi, Χχ）に由来しますが，ローマ字のエックス X に mas（ミサ）を付け Xmas とし，Christmas を表したものです。Xmas という表記は昔から使われている歴史のある綴りですが，現代では好ましくないと考える人もいるそうで[13]，英語で手紙を書く時は Christmas

---

[13]　"Why get cross about Xmas?" by Emma Griffiths, BBC News. http://news.bbc.co.uk/2/hi/uk_news/magazine/4097755.stm

と書く方がよさそうです。

　ピリオドでもアポストロフィーでも省略記号と分離記号の両方の用法が
あるため用法を混同しやすいので，気を付けましょう。

	ピリオド	アポストロフィー
省略記号	e.g. U.S.A.	it's o'clock 'cause '90 rock 'n' roll
分離記号	Come here. www.voa.gov	O'Sullivan[14]　Shin'ichi CD's OK'ing

表 2–3: ピリオドとアポストロフィーの働き

rock 'n' roll (rock'n'roll, rock-'n'-roll) の 'n' は and の a と d が省略されたも
ので，どちらの記号も省略記号の <'> です。'n' としないよう気を付けま
しょう。

4.　文末記号

　文末記号として通常は <.> が用いられますが，疑問を表すのに疑問符
<?>，感嘆や命令などを表すのには感嘆符 <!> が用いられ，文末記号の働
きを兼ね，その後に <.> は付けません。これらの記号はスペースを入れず
に前の語に付けて書きます。次に文が続く場合，タイプライターの時代に
はスペースを 2 つ入れるのが普通でしたが，現在では 1 つが普通です[15]。
<?> や <!> は文末記号としての機能だけでなく，疑問などの意味を表す機
能もあるため，文末以外でも用いられることがあります[16]。

---

[14]　O' はアイルランド系の姓に付けられる子孫を表す接頭辞で，ここでは <'> を分
　　離記号に分類しましたが，*OED* によると <'> は長音を表す記号に由来するようで
　　す ("The apostrophe probably derives from the Irish length-mark." [s.v. O', *n.*[1]])。
[15]　なお，MS Word には文末記号の後のスペースの数をチェックする機能もあります。
　　次ページ脚注の画像は Mac 版の文章校正の詳細設定のダイアログボックス

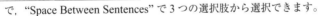

文末に U.S., etc. など <.> で終わる語が来る場合，<?> <!> であればその
まま付けますが，<.> の場合は重ねて付けません。

[○]in the U.S.?　　　[○]... etc.?

[×]in the U.S..　　　[×]... etc..

[○]in the U.S.　　　[○]... etc.

文献表で各項目を <.> で区切る形式がありますが，項目の最後に <.> が
付く語が来る場合 <.> は重ねません ("Jespersen, O.." としない)。この場合，
"O." のピリオドは省略記号でもあり，項目の区切りの記号でもあります。

Jespersen, Otto□. 1933□. *Essentials of English Grammar*□. London: Allen
　　& Unwin□.

Jespersen, O□. 1933□. *Essentials of English Grammar*□. London: Allen &
　　Unwin□.

で，"Space Between Sentences" で 3 つの選択肢から選択できます。

¹⁶　日本語の文章で，和文フォントの句点□は空白を含んだデザインとなっており，
後ろにスペースは入れませんが，□?□の場合，文末記号として用いられた場合に，
後ろにスペースを入れる書き方も見られます。

5. 引用符

英語では2種類の引用符 <'><'>, <"><"> が使われます[17]。アメリカでは <"><"> を，イギリスでは <'><'> を用い，引用符中でさらに引用符を使用する場合は，各々 <'><'> と <"><"> を用います。

アメリカ式　"Don't say 'no' again!"
イギリス式　'Don't say "no" again!'

タイプライターの時代では開始記号と終了記号を兼ねた記号 <'>, <"> が使用され（<'> はアポストロフィーを兼ねる），現在でも区別せずに使用されることも多いのですが，必要に応じて適当な文字を使用します。

"	U+0022	quotation mark	基本ラテン文字
'	U+0027	apostrophe	基本ラテン文字
`	U+0060	grave accent（backquote）	基本ラテン文字
'	U+2018	left single quotation mark	一般的な句読点
'	U+2019	right single quotation mark	一般的な句読点
"	U+201C	left double quotation mark	一般的な句読点
"	U+201D	right double quotation mark	一般的な句読点
′	U+2032	prime	一般的な句読点
″	U+2033	double prime	一般的な句読点

表2–4: 引用符，アポストロフィーなど

プライム <′>, <″> を <'>, <"> で代用することもあります。プライムは時間，角度，長さなどの単位を表し，5′6″ は「5分6秒」や「5フィート6インチ」を表します[18]。

30°5′6″　30度5分6秒　　30 degrees 5 minutes 6 seconds
5′6″　　　5フィート6インチ　5 feet 6 inches

---

[17] アルファベット圏でも，使用する引用符，用法は言語，地域により異なります。

英語	"…"	'…'	フランス語	«…»	‹…›
ドイツ語	„…"	‚…'	デンマーク語	»…«	›…‹
スウェーデン語	"…"	'…'			

[18] プライムについては第5章「2. 時間，角度，長さ，分数」も参照。

<> と <″> はそれぞれ仮名漢字変換で「ふん」「びょう」で，引用符 <''><''>，
<''><''> も「かっこ」で呼び出せますが，そのままでは和文フォントになる
ので，変換後は欧文フォントに変更します。

MS 明朝（和文フォント）　　　　　　　　『　　』　a′．（9″）
Times New Roman（欧文フォント）　　　'　　'　a'.　（9″）

　グレイヴ・アクセント（back quote, バッククォート）<`> を開始記号やアポ
ストロフィーの代用として用いることもありますが，<''><''> が使用できる
場合には避けた方がよいでしょう。

　引用符と文末記号の <.> と <,> が連続する場合の配列方法には 2 種類あ
ります。アメリカ式では論理的な包含関係にかかわらず <.> <,> を引用符
の内側に入れ，イギリス式では論理的な包含関係を基に表記し分けます。
どちらの方式を用いても問題ありませんが，文書内では一方の方式のみを
用い統一します。

アメリカ式　　If he said "no," I said "OK."　"I said it was OK."
イギリス式　　If he said 'no', I said 'OK'.　'I said it was OK.'

　引用符には「いわゆる」などの意味を表す用法もあります。日本語でも
括弧（「 」）を付け「いわゆる」などの意味を表すのと同じように，英語でも
括弧 <''> <''>，<''> <''> を付けることで，同様のニュアンスを表します。会
話では，両手の人差し指と中指を揃え，括弧を添えるようなジェスチャー
で同様のことを表すことも行われます。このジェスチャー，用法は "air
quotes"，"finger quotes" と呼ばれることもあります。

　文の構造の違いが引用符で表されることもあります。次の 2 つの文は単
語の並びとしては同じで，話す時にはイントネーション，ポーズによって
区別されますが，その違いが引用符とコンマで表されています。

That man says John is a genius.
"That man," says John, "is a genius."

6.　括　　弧

英語で一般的に用いられる括弧には次のものがあります。

( )　　　round brackets, parentheses
[ ]　　　square brackets
{ }　　　curly brackets, braces
< >　　　angle brackets

( ) は補足情報を追加したり，(s)he, book(s) のように複数の表現をまとめたりするのに用いられます。(s)he は he or she を，book(s) は book or books を1つにまとめた書き方です。

　引用では元の文章を変更することはできません。変更が必要な場合は，[ ] を使って変更，追加したことを明示します。転記ミスではなく原文のままであることを示す場合には *sic* を付けます（日本語の「ママ」「原文ママ」に相当）。*sic* は語を省略したものではないのでピリオド <.> は付けません。

　引用元　　And she said he came there and he bought six book.
　引用　　　"[S]he said [...] he [=Lee] bought six book [*sic*]."

　なお，言語学では [音声]，/音素/，{形態素}，<文字素> のように，異なる記号で括り表示対象が何であるかを示します。例えば，「dogs の下線部の要素は複数を表す形態素 {s} で，文字素 <s> で表記され，発音は [z]，環境によっては無声化し [z̥] と発音されるが，音素としてはどちらも /z/ である」のように表記し分けます。

{s}　形態素　　　[z]　音声
<s>　文字素　　　/z/　音素

7.　ギリシャ文字

　英語の文章ではギリシャ文字も用いられます。ギリシャ文字は記号では

a.	b.	c.	d.	e.
Αα	alpha	[alpʰa]	アルパ	アルファ
Ββ	beta	[bɛːta]	ベータ	
Γγ	gamma	[gamma]	ガンマ	
Δδ	delta	[delta]	デルタ	
Εε	epsilon	[eː]	エー	エプシロン（イプシロン）
Ζζ	zeta	[zdɛːta]	ゼータ	ジータ
Ηη	eta	[hɛːta, ɛːta]	エータ	イータ
Θθ	theta	[tʰɛːta]	テータ	シータ，セイタ，セータ
Ιι	iota	[iɔːta]	イオータ	イオタ
Κκ	kappa	[kappa]	カッパ	
Λλ	lambda	[lambda]	ラブダ	ラムダ
Μμ	mu	[myː]	ミュー	
Νν	nu	[nyː]	ニュー	
Ξξ	xi	[kseː]	クセー	クサイ，クシー
Οο	omicron	[oː]	オー	オミクロン
Ππ	pi	[peː]	ペー	パイ，ピー
Ρρ	rho	[rɔː]	ロー	
Σσ	sigma	[sigma]	シグマ	
Ττ	tau	[tau]	タウ	
Υυ	upsilon	[uː, yː]	ユー	ユプシロン，ウ～，イ～
Φφ	phi	[pʰeː]	ペー	ファイ，フィー
Χχ	chi	[kʰeː]	ケー	カイ，キー
Ψψ	psi	[pseː]	プセー	プサイ，プシー
Ωω	omega	[ɔː]	オー	オメガ

表 2–5: ギリシャ文字とその名称

ありませんが，英単語はギリシャ文字では綴らず，ギリシャ文字は記号的に用いられます。日本語の文章でも，α線・β線・γ線，α星，βカロチン，Ω (ohm, オーム，電気抵抗の単位)，μ (micro，マイクロ，10^{-6})[19]，円周率 π，$χ^2$

---

[19] 文字コードの Unicode ではギリシャ文字は「ギリシャ文字とコプト文字」のブロックに収録されています。単位を表す際にはこのブロックに収録されている文字が使用されますが，マイクロ / ミクロ (micro) については，これとは別に「ラテン 1 補助」にも <μ> の文字が収録されており，これが用いられることもありま

検定，など記号的に用いられるのと同様です。

　ギリシャ文字を配列を含めて覚える必要はないでしょうが，名称で混乱することもあるので一通り確認しておきましょう（前ページ表 2–5）。

　　a.　各文字の大文字と小文字
　　b.　文字の名称をローマ字に転写したもの
　　c.　古代ギリシャ語での名称
　　d.　古代ギリシャ語名に基づく日本語名
　　e.　その他の日本語で用いられる名称

　ギリシャ文字はフェニキア文字を基に作られました。ローマ字（ラテン文字，アルファベット）もそうですが，最初は大文字のみで，それを基に小文字が生じました。文字の名称はフェニキア文字の名称が元になっていると考えられています。フェニキア語では意味のある言葉であっても，ギリシャ語では意味をなさず，単なる文字の名称となりました。

　日本語では文字によっては複数の名称が使われます。例えば Θθ の日本語名は複数ありますが，これは基づく発音の違いによります（以下，「ギリシャ語」は古代ギリシャ語を指す）。

	元になる発音	日本語での読み方
ギリシャ語	θήτα ［tʰɛːta］	テータ
英語	theta ［θéɪtə］	セイタ，セータ
英語	theta ［θíːtə］	シータ

元のギリシャ語での名前は θήτα（theta）で，その発音を日本語の片仮名で転写すると「テータ」。ギリシャ語では無気音の Ττ ［t］と有気音 Θθ ［tʰ］が

す。
　　μ　U+03BC　GREEK SMALL LETTER MU　ギリシャ文字とコプト文字
　　µ　U+00B5　MICRO SIGN　　　　　　　ラテン 1 補助
Unicode など文字コードについて詳しくは第 7 章，ラテン 1 補助については同章の「2.4　アクセント付きの文字（Latin-1）」を参照してください。

区別されますが[20]，日本語では区別がないためどちらもタ行音になります。英語でも [t] と [tʰ] の区別はありませんが，Ττ を /t/，Θθ を摩擦音の /θ/ で発音し分けます。この音を日本語に転写するとサ行音となります。θήτα の ή は「エー」。英語に長母音 [ɛː] はないため類似音として /eɪ/ を使い，それを日本語にすると「エイ」「エー」。これらを組み合わせると，テータ，セイタ，セータ，シータになります。

　名称のローマ字転写と英語での発音は表 2–6 の通りです（<|> で区切って示されている場合は /米音 | 英音/）。

Αα	alpha	/ǽlfə/
Ββ	beta	/béɪtə|bíːtə/
Γγ	gamma	/gǽmə/
Δδ	delta	/déltə/
Εε	epsilon	/épsəlὰn|épsələn, épsələn, epsáɪlən/
Ζζ	zeta	/zéɪtə|zíːtə/
Ηη	eta	/éɪtə|íːtə/
Θθ	theta	/θéɪtə|θíːtə/
Ιι	iota	/aɪóʊtə/
Κκ	kappa	/kǽpə/
Λλ	lambda	/lǽmdə/
Μμ	mu	/mjuː/
Νν	nu	/n(j)uː|njuː/
Ξξ	xi	/zaɪ, ksaɪ|zaɪ, (k)saɪ/
Οο	omicron	/áməkrὰn, óʊməkrὰn| oʊmáɪkrɔn, əmáɪkrɔn, óməkrɔn, -ən/
Ππ	pi	/paɪ/
Ρρ	rho	/roʊ/
Σσ	sigma	/sígmə/
Ττ	tau	/taʊ, tɔː/
Υυ	upsilon	/júːpsəlὰn|juːpsáɪlən/
Φφ	phi	/faɪ/

---

[20]　ギリシャ語では有声・無声の区別だけでなく，気音（<ʰ> で表される）の有無でも音が区別され，有声音 δ [d]，無声無気音 τ [t]，無声有気音 θ [tʰ] は異なる音として区別されます。

Χχ	chi	/kaɪ/
Ψψ	psi	/psaɪ, saɪ/
Ωω	omega	/oʊméɪgə, oʊmégə|óʊmɪgə, oʊmíːgə/

表 2–6: ギリシャ文字の英語での名称

いくつかのグループに分けて見ていきましょう。

・1音節の名称の文字

次の文字の名称は1音節。<> は英語での母音字の音価を表します（記号，単母音字，複母音字などの用語の意味については第1章を参照）。

Μμ	mū	/mjuː/		Ππ	pī	/paɪ/		Ψψ	psī	/psaɪ, saɪ/
Νν	nū	/njuː/		Φφ	phī	/faɪ/		Ξξ	xī	/zaɪ, ksaɪ|saɪ/
Ρρ	rhō	/roʊ/		Χχ	chī	/kaɪ/		Ττ	tau	/taʊ|tɔː/

tau の au は複母音字。ギリシャ語に近い音であれば /aʊ/，英語式なら /ɔː/。他の文字では単母音字で，開音節であるため長音 ū /juː/, ō /oʊ/, ī /aɪ/ となります。英語では基本的に u, i は語末に来ませんが，ギリシャ文字の名称なので例外となります。

phi, theta, chi, rho には h が入っていますが，これはギリシャ語での有気音を表しています。

無気音	Ππ [p] p	Ττ [t] t	Κκ [k] c, k	Ρρ [r] r
有気音	Φφ [pʰ] ph	Θθ [tʰ] th	Χχ [kʰ] ch, kh	[r̥] rh

英語では th, ph は摩擦音 /θ, f/ で発音され /t, p/ から区別されますが，rh, ch には対応する摩擦音はないため，r, c (k) と同じ発音になり，h はいわば黙字となります。

Θθ	the.ta	/θéɪtə|θíːtə/		Ρρ	rho	/roʊ/
Φφ	phi	/faɪ/		Χχ	chi	/kaɪ/

throne, phone, school, rhythm, diarrh(o)ea などのギリシャ語由来の語でも同様です。throne, phone ではそれぞれ /θ, f/ と発音され /t, p/ と区別され

ますが，ほかの 3 つの語では h は黙字となり c, r と同じ発音となります。

Ρρ の無気音 [r] はふるえ音で[21]，有気音は無声音 [r̥] です (<̥> は無声音を表す記号)。ギリシャ語では有気音にも無気音にも ρ が用いられていますが，語頭と ρ の後では無声音 [r̥] で発音され，それをラテン語でローマ字転写する際には rh で表し，英語もその方式を引き継いでいます。rhythmや文字の名称 rho の語頭，diarrhea (下痢), catarrh (カタル) などの r の後でrh が用いられているのはそのためです。

ギリシャ語で可能な語頭の Ψψ [ps], Ξξ [ks] は英語には生じない音の組み合わせなので，psychology, xenophobia, xylophone などでは最初の子音[p, k] を落として発音されます。x の場合，[s] ではなく有声音の x [gz]の最初の子音を落とした [z] で読まれます。しかし，文字名 psi, xi で最初の子音を落とすとどちらも /saɪ/ となり，区別が付かなくなります。区別するには子音を落さずに /psaɪ, ksaɪ/ と発音するか，xi は /zaɪ/, psi は /saɪ/と発音し分けるかすることになります。

　　Ξξ　x̄ī　/zaɪ/　　　　　Ψψ　psī　/(p)saɪ/
　　　　x̌ī　/(k)saɪ/

・2 音節の名称の文字
　次の文字の名称は 2 音節 (<.> は音節の境界)。

Αα	ăl.ph*a*	/ǽlfə/	Κκ	kăp.p*a*	/kǽpə/
Γγ	găm.m*a*	/gǽmə/	Λλ	lămb.d*a*	/lǽmdə/
Δδ	dĕl.t*a*	/déltə/	Σσ	sĭg.m*a*	/sígmə/

強勢のある第 1 音節は閉音節で，母音字はすべて短音になります。-mb のb は黙字になります。強勢のない第 2 音節はすべて弱母音 *a* /ə/ です。
　次の文字の名称も 2 音節で，第 2 音節は弱母音 *a* /ə/。

---

[21]　英語の red などの r は接近音で，IPA では [ɹ] の記号が用いられます。英語でも方言によってはふるえ音 [r] が使われることがありますが，通常，両者を区別する必要はないため辞書などでは [ɹ] の代わりに [r] が用いられています。

Bβ	bë.*ta*	/béɪtə/	Hη	ë.*ta*	/éɪtə/
	bē.*ta*	/bíːtə/		ē.*ta*	/íːtə/
Zζ	zë.*ta*	/zéɪtə/	Θθ	thë.*ta*	/θéɪtə/
	zē.*ta*	/zíːtə/		thē.*ta*	/θíːtə/

-eta のパターンで，第1音節は開音節・長音。e を基本長音で読めば ē /iː/,
原音に近い音でということで第2長音で読めば ë /eɪ/ となります[22]。theta
の th は [tʰ] で tau (Tτ) の [t] とは区別される音ですが，日本語には [t, tʰ]
の区別はないので「テータ」となります。英語では /t/ ではなく摩擦音 /θ/
が用いられ，それを基にした英語の発音を日本語にすると「シータ，セイ
タ」となります。

・3音節の名称の文字
iota は3音節。第1，第2音節は長音で，第3音節は弱母音 *a* /ə/。

Iι ī.ō.*ta* /aɪóʊtə/

次の4文字の名称は2つに分解すると覚えやすくなります。

Eε	e-psilon	Oo	o-micron
Yυ	u-psilon	Ωω	o-mega

Eε と Yυ の名称は，発音上は次のように切れますが，語源的には e/u + psilon
です。

Eε	ĕp.si.lŏn	/épsəlàn/	Yυ	ūp.si.lŏn	/júːpsəlàn/
	ĕp.sī.lon	/epsáɪlən/		ūp.sī.lon	/juːpsáɪlən/

psilon の発音は ps*i*lṓn か ps*i*lon。psilon は「単純な」「飾りのない」の意味

---

[22] 強勢のある単母音字の発音には短音と長音がありますが (cf.「2.2.2 母音字・子
音字の基本的な音価」)，基本的な長音 ā /eɪ/, ē /iː/, ī /aɪ/, ō /oʊ/, ū /juː/, ȳ /aɪ/ に加
え，別の長音 ä /ɑː/, ë /eɪ/, ï /iː/, ö /ɔː/, ü /uː/ もあり，『英語の綴りのルール』では前
者を「基本長音」，後者を「第2長音」と呼び区別しました。

で，epsilon なら「単純な e」となりますが，そう呼ぶようになったのは，2 字綴りの αι が後に発音が変わり ε と同じ発音になり区別が必要になったためです[23]。

　分野によっては Eε (epsilon) を日本語で「イプシロン」とも呼ぶことがあるので混乱しますが，Eε (epsilon) と Υυ (upsilon) は別の文字なので気を付けましょう。

　次の文字の名称は o + micron/mega。

Oo	米	ŏ.m*i*.crŏn	/ámǝkrɑ̀n/		Ωω	米	ō.m*ë*.g*a*	/oʊméɪgǝ/
	英	ō.mī.crŏn	/oʊmáɪkrɔn/			英	ō.m*ē*.g*a*	/oʊmíːgǝ/
							ō.m*ė*.g*a*	/óʊmɪgǝ/

omicron は「小さな o」，omega は「大きな o」の意味。micron の発音は o に強勢を置いた micrŏn /mǝkrán|mǝkrɔ́n/ か，i に強勢を置いた mícrŏn /máɪkrɑn|máɪkrɔn/。omega は e に強勢があれば，米 mēga /méɪgǝ/，英 mēga /míːgǝ/ で，なければ英 mėga /mɪgǝ/ となります。

8.　その他の記号

・<&>

　<&> (ampersand) はラテン語で and を表す ET を続け書きしたものに由来します。フォントによっては成り立ちがよくわかる字形 (*&&&*) をしています。手書きでは ⅄ のような字形も用いられますが，知らないとプラス記号 <+> と間違えてしまうこともあるので気を付けましょう。

　<&> の名称 ampersand /ǽmpɚsæ̀nd/ は "and *per se* and" から生じたもので，*per se* /pɚséɪ/ は by itself を表すラテン語から。単語の綴りを "c /siː/, a /eɪ/, t /tiː/ – cat /kæt/" のように言う代わりに，代名詞の I のように 1 字でそのまま語になる場合に，*per se* を使い次のように言いました。

---

[23]　*OED* の epsilon の語源欄には次のように書かれています。
　　　Etymology: < Greek *ἒ ψιλόν*, lit. 'bare e', i.e. 'e and nothing else', = short e written *ε* and not *αι* [*OED*, s.v. epsilon, *n.*]

a per se a, *I per se* I, *O per se* O, *& per se* &

& であれば「& の1字それ自体で語の&」ということになります。アルファベットの表では & は Z の後に 27 番目の文字として配置されていましたが、A から順に A /eɪ/, B /biː/, C /siː/, ... と読み上げて行き、Z /zed/ の後、& を指して "and *per se* and" と言いました。それが訛って ampersand となり、それが <&> の名称となりました。

・<@>

<@> は日本語では「アットマーク」と呼ばれることが多いようですが、英語では at sign, at symbol と呼ばれます。メールアドレスで使用されているので、現在では日本人にも馴染み深い記号ですが、元々、@ $20 のように、会計で単価を表記する際に用いられた記号です。英単語 at が使われる位置で使われることも多いので、at の a を記号化したように見えますが、起源は他の言語です。*OED* によると単位を表すイタリア語 anfora、スペイン語／ポルトガル語 arroba を表す記号として使われていたようです。[24]

・<#, ♯>

<#> (number sign, hash) は数字の前に置かれ番号を表します。米国では質量のポンド (pound /paʊnd/) を表すのにも使われることから、pound sign とも呼ばれます。日本では「シャープ」と呼ぶことが多いようですが、シャープ <♯> は縦棒が垂直で、横棒が傾斜した字体の異なる別の記号です。五線譜に書いた時に横棒が傾いていて判別しやすい方がシャープと考えると覚えやすいでしょう。

#	ハッシュ	横棒が水平
♯	シャープ	縦棒が垂直で横棒が傾いている

[24] The earliest evidence so far found for the symbol is in 16th-cent. European mercantile records, where it is used to represent units of measure (Italian *anfora* [...] and Spanish and Portuguese *arroba* [...]). In English, '@' has been used since at least the 18th cent. in expressing the number of items in relation to price [...]. [*OED*, s.v. at sign, *n.*]

ツイッターでは <#> の後にキーワードを付けたタグを「ハッシュタグ」と呼びますが，間違えて「シャープタグ」になっているものを見ることがあります。

・**<*>, ほか**

<*> (asterisk), <†> (dagger, obelisk), <‡> (double dagger) は注を付ける時によく使われます。<*> は語法文法研究では文法的でないことを表すなど，分野によって決まった使い方があります。辞書で見出し語の頻度，重要度のレベルを表すのに使われたりもします。

・**<~>, ほか**

次の記号は字形が類似しているため，混同しやすいので注意しましょう。

~	U+007E	tilde	基本ラテン文字
～	U+FF5E	fullwidth tilde	半角・全角形
〜	U+301C	wave dash	CJK 記号と句読点
⁓	U+2053	swung dash	一般的な句読点

日本語では「10〜20 円」「東京〜大阪」のように波ダッシュ <〜> で範囲を表しますが，英語では範囲を示すのには en dash <–> を用い，この記号は用いません。また，チルダ (tilde /tíldə/, <~>) は，スペイン語などで ñ のように文字に付加し鼻音に関する音を表す別の記号で，通常，英語の文章では単独では使用しません。

・**<˄>, ほか**

印刷で挿入を表す校正記号 <˄> は「キャレット」(caret /kǽrɪt/) と呼ばれます。文字を挿入する位置に書き，その反対側に挿入する文字を書きます。形の似ているサーカムフレックス・アクセント <^> は別の文字です。

˄	U+2038	caret
⅄	U+2041	caret insertion point
^	U+005E	circumflex accent

・<𝄞>

　音楽で使う音部記号のト音記号 <𝄞>。なぜこういう形で，「ト音記号」と呼ぶのでしょうか。小学校の音楽の授業では「ト音（ソ）の第 2 線から書き始め，そこがト音であることを表すから」と教わったりしますが，第 2 線から書き始めればいいのなら他の形でもいいはず。記号の英語名を見ると <𝄞>，<𝄢>，<𝄡> は G, F, C の文字を図案化したものであることがわかります。

𝄞	ト音記号	G clef	ド	レ	ミ	ファ	ソ	ラ	シ
𝄢	ヘ音記号	F clef	ハ	ニ	ホ	ヘ	ト	イ	ロ
𝄡	ハ音記号	C clef	C	D	E	F	G	A	B

参考
左からバッハ，ハイドン，モーツァルト，ベートーベン，シューベルト，メンデルスゾーン，シューマン，ブラームス，ドビュッシー，ラヴェル

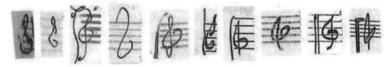

［https://twitter.com/WarnerClassics/status/496954999545806848］
図 2-1: 昔の音楽家達の手書きのト音記号

・<L, v, m>，ほか

　中学校や高校の数学や物理で，「長さ L」「速度 v」「質量 m」などの表現が出てきますが，なぜ L などのアルファベットを使うのでしょうか。これは元の英語を見れば一目瞭然ですね（第 3 章第 1 節を参照）。

長さ L	length L	体積 V	volume V	半径 r	radius r
高さ h	height h	速度 v	velocity v	直径 d	diameter d
幅 w	width w	質量 m	mass m		

syllable σ（音節 σ〔シグマ〕）のように，頭文字のアルファベットに対応するギリシャ文字を用いることもあります。

| 音節 σ | syllable σ | ライム ρ〔ロー〕 | rhyme ρ |

第❸章
語句の略し方

1. 語の略し方
2. 句の略し方

この章では英語での語句の略し方について見ていきます[1]。

1.　語の略し方

・単数形の略語

まず最初は頭文字とそれに続く文字を残す方法です。省略記号のピリオド <.> を付ける場合と付けない場合があります。

n < noun　Co. < Company　Ltd. < Limited　Rd. < Road

後で見る truncation（短縮，刈り込み）と呼ばれる省略（例えば doctor, document を doc と綴り /dɑk|dɔk/ と読む方法）と違い，省略前の語の発音で読みます。ただし，元の単語の発音に加え，Ltd. を /el ti: di:/, Co. を /koʊ/ と読んだりする場合もあります。

usually	> usu.	company	> co.
especially	> esp.	incorporated	> inc.
example	> ex.	society	> soc
adjective	> adj.	computer	> comp
subject	> subj.	dictionary	> dict.
except(ion)	> exc.	university	> univ.
abbreviation	> abbr	translation	> trans.
committee	> comm.	modern	> mod.
communication	> comm.		

board を bd. と略すように，先頭の数文字ではなく，頭文字と語中の他の文字を残す場合は，主に子音字を残します。int'l (international), gov't (government) のように，中間部分を省略した場合，省略部分をアポストロフィー (') で表すこともあります。

---

[1]　省略記号としてのピリオド，アポストロフィーの使い方については，第2章「英語の記号」の「3. 省略記号」を参照。

Doctor	> Dr., Dr	year	> yr.
limited	> ltd.	your	> yr.
international	> intl, int'l	informal	> infml
Greek	> Gk	control	> ctrl
advantage	> advtg.	weekly	> wkly.
average	> avg.	midnight	> mdnt.
agent	> agt.	mark	> mk, Mk.
government	> govt., gov't	text	> txt, TXT
department	> dpt., dpt	sound	> snd, SND
language	> lg.	message	> msg
part	> pt.	image	> img
		board	> bd.

acting > actg. や marketing > mktg. のように，-ing を g で表すこともよく
あります。

building > bldg., blg.　　writing > wrtg.　　manufacturing > mftg.

次のように構成要素の先頭の文字を残す場合もあります。w/o（< without）
の </> の使い方に気を付けましょう。

centimeter	> cm	television	> TV
manuscript	> ms.	infrared	> IR
with	> w/	ultraviolet	> UV
without	> w/o		

Doctor はアメリカ式では Dr.，イギリス式ではピリオドのない Dr とな
ります。イギリス式の書き方は最後の文字 (e.g. Doctor) を残した場合には
ピリオドを付けないとする考え方によるもので，Mr./Mr や Mrs./Mrs の違
いも同じ考えによります。なお，mister は master が変化したもので，それ
に女性を表す -ess が付いたのが mistress で，敬称としては発音が /mísɪz/
となり Mrs. と綴られます。mistress /místrəs/ を約めて /mɪs/ とし綴り直し
たのが Miss です。Miss は mistress を省略してできた語ですが，Miss 自体

は何かの省略した表記ではないので，アメリカ式でもピリオドは付けません。

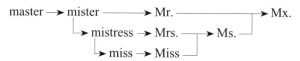

図 3-1: Mr., Mrs., Miss, Ms., Mx. の関係

Mrs. も Miss も mistress から派生した語ですが，既婚女性に Mrs. が，未婚者に Miss が用いられるようになりました。後に Mrs., Miss を区別しない敬称として Ms. /mɪz/ が考案されましたが，ピリオドが付いていてもこれは何かの語を略したものではありません。既婚・未婚だけでなく性の区別もしない敬称として Mx. /mɪks/ が用いられることもありますが，これも何かの略ではなく，他の敬称に共通の M に未知数を表す x を加えたものだと考えられます。同じように x を用いた語に Latinx があります。Latino は（米国に住む）ラテンアメリカ人の男性を，Latina は女性を表しますが，男女の区別をしない表現として考案されたのが Latinx です。

　mistress を約めて miss とするような造語法は他でも見られ，truncation（短縮，刈り込み）と呼ばれます。mistress では発音に合わせ綴りが Miss となりましたが，specification を約めた spec は /spek/ と読まれ，綴りに合わせ発音の方が変えられています。

doctor	> doc	specification	> spec
document	> doc	cooperative	> co-op
advertisement	> ad	Macintosh	> Mac
information	> info	high fidelity	> hi-fi
ukulele	> uke	science fiction	> sci-fi
recapitulation	> recap		

specification では，c は i の前なので /s/ と読まれますが，spec では /k/ と読まれます。nuclear > nuke, bicycle > bike のように，綴り直すものもあります。pix は pic(ture) の複数形 pics を綴り直したものです。biz, fridge も約めるにあたって綴り直された語です。

business	> biz /bɪz/	pic(ture)s	> pix /pɪks/
nuclear	> nuke /n(j)uːk/	refrigerator	> fridge /frɪdʒ/
bicycle	> bike /baɪk/

次は頭文字を記号化する方法です。

@	(anfora, arroba, ad, at, ...)	¢	cent（ラテン語 centum）
§	section sign	£	pound（ラテン語 libra）
	(ss < ラテン語 signum sectiōnis)	¥	yen

前章でもふれましたが，<@> は単位を表すイタリア語 anfora, スペイン語・ポルトガル語 arroba を表す記号として用いられたのが確認されている最初の例のようです。英米でも単価を表すのに用いられますが，前置詞 at を用いるところにあたり at sign と呼ばれます。節記号の <§> は ss を組み合わせたもので，ラテン語の signum sectiōnis ("section sign") に由来します。通貨単位の pound を表す記号が <£> なのは，pound を表すラテン語 libra（英語での発音は /líːbrə, láɪbrə/）の頭文字 L を基にしているからです。なお，重量の単位ポンドの略号 lb も libra を略したものです。cent を表す ¢ はラテン語 centum（に対応する各言語での語）の頭文字を記号化したものです。

　頭文字に対応するギリシャ文字で表す方法もよく用いられます。

| micron | > μ | Christ | > X | cf. Xmas, Xt, Xtian |
| summation | > Σ | syllable | > σ |

Xmas の X は Christ を表します。ギリシャ語 ΧΡΙΣΤΟΣ の頭文字 X (カイ, キー) を表すのにローマ字の X (エックス) を用いたものです[2]。

・複数形の略語
　次に略語における複数形について。略語に複数語尾 's/s を付ける場合，頭文字のみによる略語には 's あるいは s を付けます。

---

[2]　X'mas の表記については第 2 章「3. 省略記号」を参照。

compact disc　＞　CD　＞　CD's, CDs

noun phrase　　＞　NP　＞　NP's, NPs

-(e) s をつけて複数形を作る名詞で，頭文字以外の文字を含む略語の場合には -s を付け複数形にし，省略の印のピリオドはその後に付けます。

goverments　　govts.　　×govt.s

numbers　　　 nos.　　　×no.s　（no. はラテン語 numero より）

次のように略語の最後の文字を重ねて複数形にするケースもあります。

page　＞p.　＞pp.

line　＞l.　＞ll.

opus　＞op.　＞opp.（opera, opuses）

opus は作曲家の楽曲に付される番号を表す時に op. 25 のように 使われます。複数形は opera, opuses で，opp. 25–30 のように p を重ねて複数を表します。法学博士を表す LL.D. はラテン語 Legum Doctor（Doctor of Laws）の略ですが，LL. とするのは Legum が複数形（属格[3]）だからです。上で説明した通り，セクションを表す記号 ＜§＞ はラテン語 signum sectiōnis の頭文字 ss を組み合わせたものですが，この記号も ＜§§＞ と繰り返すと複数形 sections を表します。

§　　section　　　§5　　　　section five

§§　sections　　　§§5–10　sections five to ten

・綴り直す場合

　発音が同じになることから I owe you を IOU と略すことがあります。"IOU $10"（私はあなたに 10 ドル借りている）のように使います。前置詞 two, for の代わりに 2, 4 が使われることもよくあります。

---

[3]　属格は現代英語の文法で「所有格」と呼んでいるものに当たります。

I owe you	> IOU	Kuwait	> Q⁸, Q8
effects	> FX	barbecue	> bar-B-Q cf. BBQ
easy	> EZ	wait	> W8
excel	> XL	later	> L8R
before	> B4	business to business	> B2B

SFX は special effects（特殊効果）の略です。F /ef/, X /eks/ を続けて読むと effects に似た発音になりますが，これに special を表す S /es/ を付けたのが SFX です。

　ちょっと変わったこんな略し方もあります。

internationalization	> I18N（国際化）
localization	> L10N（地域化）

I18N, L10N は <u>i</u>nternationalizatio<u>n</u>, <u>l</u>ocalizatio<u>n</u> の最初と最後の文字の間にある文字を文字数で入れ替えたものです。

2.　句の略し方

　次に句の略し方について見ましょう。

　UFO は <u>u</u>nidentified <u>f</u>lying <u>o</u>bject（未確認飛行物体）の各語の頭文字を残した略語ですが，3 文字それぞれを頭文字として「ユーエフオー」（/jùː ef óʊ/）と読む方法と，全体を 1 語のように「ユーフォー」（/júːfoʊ/）と各文字の音価で読む方法があります。

　　文字の名称で読む　U /juː/, F /ef/, O /oʊ/　→　UFO /jùːefóʊ/
　　文字の音価で読む　U /juː/, F /f/, O /oʊ/　→　UFO /júːfoʊ/

UFO は名称でも音価でも読むことが可能ですが，BBC（< <u>B</u>ritish <u>B</u>roadcasting <u>C</u>orporation, 英国放送協会）のような頭文字語は通常文字の名称で読みます。音価で読むことが可能な場合でもどちらか一方のみが使われることが多いので，個別に覚える必要があります。

名称読み　　　UN, USA, UK, VOA, WHO

音価読み　　　NATO /néɪtoʊ/, NASA /nǽsə/, AIDS /eɪdz/

次のように頭文字だけを残すパターンはよく見られます。

United States	> U.S., US
South Korea	> S. Korea
before Christ	> B.C., BC
anno domini	> A.D., AD
social networking system	> SNS
optical character reader	> OCR
post meridiem	> p.m., P.M., PM
ante meridiem	> a.m., A.M., AM
Universal Serial Bus	> USB

cubic centimeter	> cc	not applicable	> N/A
carbon copy	> c.c., cc	not available	> N/A
blind carbon copy	> b.c.c., bcc	electronical mail	> e-mail
World War II	> WWII	care of	> c/o
past participle	> p.p., pp	by the way	> BTW
with regard to	> wrt	Bank of English	> BoE
also known as	> a.k.a., AKA		

少しタイプが違いますが，次のような略し方もあります。

Group of Seven	> G7
Year 2000	> Y2K

G7 は G は頭文字，7 は Seven をアラビア数字で表したもの。G20 なども
同じパターンです。Y2K は Year を頭文字 Y で，2000 を 2K で表したもの
で，K (kilo, e.g. kilometer, kilogram) は thousand を意味します。

　UFO を /júːfoʊ/ と読むように，略語を 1 語のように各文字の音価で読む
語には次のようなものがあります。

United Nations International Children's Emergency Fund	> UNICEF
North Atlantic Treaty Organization	> NATO
Acquired Immune Deficiency Syndrome	> AIDS
American Standard Code for Information Interchange	> ASCII
Japanese Industrial Standards	> JIS
read-only memory	> ROM
ramdom-access memory	> RAM
key word in context	> KWIC
self-contained underwater breathing apparatus	> scuba
radio detecting and ranging	> radar
what you see is what you get	> wysiwyg
local area network	> LAN
teaching English as a second language	> TESL

UNICEF /júːnisèf/ の現在の名称は the United Nations Children's Fund（国際連合児童基金）ですが，元は the United Nations International Children's Emergency Fund（国際連合国際児童緊急基金）と呼ばれていました。名称が変わった後も UNICEF が略称として使われています。

第❹章
文章構成の形式と書式

1. 段落，節，章の表示方法
2. 段　落
3. 章，節
4. 文書のレイアウト
5. 書字の方向
6. 大文字の用法
7. 文字のスタイル：ボールド，
   イタリック，アンダーラインなど

　本章では形式面から英語の文章構成について見ていきます。内容については扱わないので，内容から見た段落などについては，パラグラフリーディング，ライティングなどの本をご覧ください。また，ワープロソフトの使い方に関係する話が多くなりますが，紙幅の都合，環境による違いなどにより1つ1つ説明することはできないため，具体的な設定の仕方などについては使用ソフトのヘルプ機能を利用したり，インターネットで検索したりするなどしてご確認ください。

1.　段落，節，章の表示方法

　第2章では，語の分割・結合，文の構成とその表示の仕方までを見ましたが，本章では文よりも大きな単位の表示の仕方について見ます。

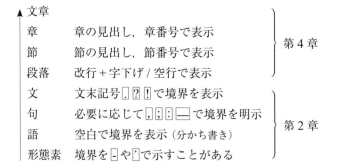

　本などの長い文章を分割する場合は，通常，章に分割します。本全体をいくつかに分け，章をまとめた各部をpartとすることもあります。章（chapter）をさらに分割する場合は節（section）になります。短い文章の場合，最初の分割単位を章ではなく節とすることもあります。

book（> part）> chapter > section

　文書のレイアウトについて詳しくは第4節で説明しますが，まずは次の図4–1で大まかなイメージを掴んでください。以下，段落の形式，節・章の形式，文書のレイアウトの設定，イタリックなどの用法の順番で詳しく

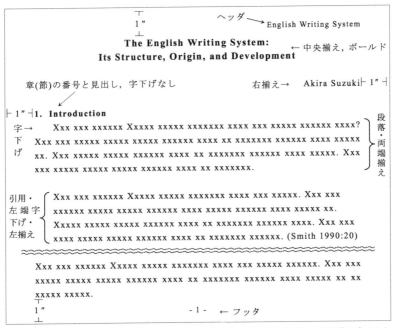

（「1″」は「1インチ」のこと。余白，タイトル，著者名，段落等の書式は，規程等で定められ
ている場合にはそれに従う）

図 4-1: 文書のレイアウト

見ていきます。

2.　段　　落

　1つ以上の文 (sentence) が集まって段落 (paragraph) を構成します。ワー
プロソフトなどで文章を入力する際，[enter] キーを押すとそこで改行され
ますが，形式的にはそこまでが段落になります。文字を入力していくと，
[enter] キーを押さなくても表示幅 (行の幅) で折り返し表示されますが，表
示上の改行と [enter] キーによる改行は意味が異なります。1文ごとに改
行する人がいますが，(引用等が途中に入る場合などを除き) 段落の途中では改

行は入れません[1]。

　段落の本文には Times, Times New Roman などのプロポーショナルフォント[2] を使うのが基本です。サイズは 10〜12 ポイントが普通です。Microsoft の Word では，Windows 版では 10.5 ポイント，Macintosh 版では 12 ポイントがデフォルト（あらかじめ決められている設定）となっていますが，規程で指定があればそれに従い変更します。

　段落の先頭を字下げ（インデント）する書き方も，しない書き方もあります。また，最初の段落は字下げせず，第2段落から字下げすることもよくあります。字下げにはスペースではなく「1 行目のインデント（字下げ）」の機能，またはタブを使って行います。タイトル，見出しなどは字下げを行わないのが普通ですが[3]，全体を字下げなしの設定にし，段落先頭の字下げにタブを使用するようにすれば，意図しない不要な字下げを避けられます。また，文章を他の個所に移動した時に，段落の書式情報が消え，字下げの情報も消えてしまうことがありますが，タブによる字下げならこの問題を避けることができるというメリットもあります（図4–2 参照）。スペースにより字下げを行うと，両端揃えの段落ではスペースの個所も配置の調整に使用されるため，先頭の位置が揃わなくなるので避けた方がいいでしょう。

　日本語では段落先頭の字下げは全角文字[4] で 1 文字分が普通ですが，英語では明確な基準はありません。規程で指定されていなければ，1 インチ

---

[1]　Windows, MacOS などでは，英語の文章では，ダブルクリックで単語が，トリプルクリックで段落が選択できます。選択されるのは表示上の改行位置までではなく，[enter] キーにより入力される改行コードまで（＝段落）になります。

[2]　文字によって横幅が変わらないのが等幅（モノスペース，monospaced），変わるのがプロポーショナル（proportional）です。

　　例　等幅（Courier）　　　　プロポーショナル（Times）
　　　iiiiiiiiiii　　　　　　iiiiiiiiii
　　　mmmmmmmmmmm　　　　　mmmmmmmmmmm
　　　MMMMMMMMMMM　　　　　MMMMMMMMMM

[3]　中央揃えにした場合，字下げ分，右に偏った配置になるため，きれいに中央に揃えるには字下げは解除します。

[4]　大雑把に言って，等幅フォントで漢字 1 文字の幅の文字が全角文字，その半分の横幅の文字が半角文字です。

インデント

This is the cat that killed the rat that ate the malt that lay in the house that Jack built.

タブ

⇒ This is the cat that killed the rat that ate the malt that lay in the house that Jack built.

スペース

•••••This is the cat that killed the rat that ate the malt that lay in the house that Jack built.

(段落先頭の⇒はタブ，•はスペースを表す)

図 4–2: 段落先頭の字下げの方法の比較

の半分，あるいは 5 文字分が目安となります。日本語版のソフトで全角文字を基準として指定するようになっている場合は，2.5 字にすればいいでしょう。

　段落と段落の間に空行 (改行のみの行) を入れることもあります。電子メールなどでは行を短くするため段落の途中で改行を入れることがありますが，その場合，段落を示す改行との区別が付かなくなるため，段落を明示するために空行が用いられます (次ページの図 4–3 参照)。

　段落の配置は，右揃え，両端揃え，中央揃え (センタリング) など，適当なものを選択します (次ページの図 4–4 参照)。インデントの有無により表示される位置が変わるので注意しましょう。

　全角　ＡＢＣ・カタカナ・１２３・ひらがな・漢字
　半角　ABC・ｶﾀｶﾅ・123
ちなみに，初期のワープロ専用機では文字のサイズを自由に変えることができず，代用として全角文字を縦横 2 倍にして表示する機能があり，タイトルや強調などを表す際に用いられました。そのように表示された文字は「倍角文字」と呼ばれ，そのうち横方向の倍角文字は「横倍角 (文字)」，縦方向は「縦倍角 (文字)」，縦横両方向なら「4 倍角 (文字)」と呼ばれました。文字サイズを自由に変えられる現在では需要はあまりありませんが，MS Word などのワープロソフトでは文字の横幅を変更することで倍角文字に相当するものを表示することは可能です。
　200% 田　150% 田　100% 田　90% 田　66% 田　50% 田　33% 田

・字下げあり，空行なし	・字下げなし，空行あり
This is the house that Jack built. This is the malt that lay in the house that Jack built. 　This is the dog that worried the cat that killed the rat that ate the malt that lay in the house that Jack built.	This is the house that Jack built. This is the malt that lay in the house that Jack built. This is the dog that worried the cat that killed the rat that ate the malt that lay in the house that Jack built.

図4–3: 字下げと空行による段落の表示

指定なし （左揃え）	This is the dog that worried the cat that killed the rat that ate the malt that lay in the house that Jack built.
両端揃え	This is the dog that worried the cat that killed the rat that ate the malt that lay in the house that Jack built.
右揃え	The English Writing System
中央揃え	The English Writing System
均等割付け	The　　　　　English　　　　　Writing　　　　　System

図4–4: 文字列の配置

　次の例のように，文献表などで2行目以降が字下げされることがありますが，ワープロソフトには1行目とは別に，2行目以降の字下げの位置を指定する機能 (MS Word では「ぶら下げインデント」) があるので，それを利用します。

Jespersen, O. (1909) *A Modern English Grammar on Historical Principles.*
　　Volume I, *Sounds and Spellings*. London: George Allen & Unwin.

　ぶら下げインデントの機能は，対話文や例文の表示などでも用いられます。ぶら下げインデントは1行目に対してはタブの位置として働くので，

2行目以降と揃えたい位置にタブ (tab) を挿入します。

 ↓ぶら下げインデント   ↓ぶら下げインデント

A:⇒Pussy cat, pussy cat, where (1)⇒a.⇒Pussy cat, pussy cat,
have you been?   where have you been?

B:⇒I've been to London to look   ⇒ b.⇒I've been to London to
at the Queen.   look at the Queen.

               （⇒はタブを表す）

図 4–5: ぶら下げインデント

---

tab は tabulator (< tabulate + -or) の略です。表は英語で table ですが，「表にする，表で示す」の意味の動詞が tabulate で，表などを作る装置が tabulator です。元々タイプライターで表を作成する際，印字位置を一定の場所に移動するためのものでした。コンピューターではタブキーを押すとあらかじめ定められた位置に移動しますが，位置は自由に指定できます。MS Word では，タブ，コンマなどで区切られた文字列を選択し，メニューの ［表］→［変換］で ［文字列を表にする ...］ を選択すると表に変換できます。

a	b	c
1	2	3

a ⇒ b ⇒ c   表に変換
1 ⇒ 2 ⇒ 3   →

タブの後の文字列はデフォルトでは左端が揃うように表示されますが，右・中央・小数点の位置で揃えることも可能です。次の例は，左揃え，右揃え，中央揃えで配置（文字幅がわかりやすいように網掛け）したものです。

  a. b. c. d.
⇒I.⇒ I. ⇒ I. ⇒ I. a. MS 明朝で左揃えタブ
⇒II.⇒ II. ⇒ II. ⇒ II. b. Times New Roman で左揃えタブ
⇒III.⇒ III.⇒ III. ⇒ III. c. Times New Roman で右揃えタブ
⇒IV.⇒ IV.⇒ IV. ⇒ IV. d. Times New Roman で中央揃えタブ
⇒V.⇒ V. ⇒ V. ⇒ V.

図 4–6: タブによる文字列の配置

a は等幅フォントの MS 明朝の文字列を左揃えタブで整形したものです。等幅フォントなので右端のピリオドの位置も揃っていますが，b のプロポーショナルフォントでは右端は揃いません。右端を揃えたければ c のように右揃えタブを使用します。

3.　章，節

　1つ以上の段落が集まり節（section）となり，節が集まって章（chapter）を構成します。短い章の場合には，節を含まないこともあります。章，節の先頭には見出しが付けられます。見出しは，ボールド（太字）にしたり，本文とは異なるフォントにしたりすることもよく行われます。

　論文などでは見出しに章番号，節番号を付けるのが普通ですが，最近ではアラビア数字が用いられることが一般的です。ローマ数字，アルファベットの組み合わせが用いられることもあります。章番号には大文字のローマ数字もよく用いられます。（ローマ数字 ☞ 5章5節）

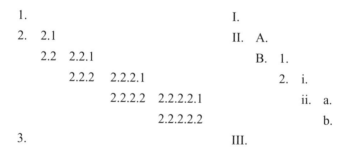

Chapter IV　The Origin of the Alphabet

図4–7: 章・節の見出しの番号

4.　文書のレイアウト

　使用しているワープロソフトのデフォルトの設定で文書を作成している人も多いと思いますが，卒業論文や学会誌への投稿論文など，規程で書式

が定められている場合には，規程に合わせて設定する必要があります。

　p. 61 の図 4–1 を見てください。上下左右の 4 ヶ所の余白（マージン，margin）は別々に指定できます。図では 1 インチ（1″）としていますが，これは規程により異なるので，規程で指定されている場合にはそれに従います。インチでは設定できずセンチやミリで設定するようになっている場合には換算して指定します（1 インチなら 2.54 cm/25.4 mm）。行間，文字間も設定で変更できるので，必要があれば変更します。

　本文のスペースの上部・下部に付くのがヘッダ（header）とフッタ（footer）です。すべてのページに同じものが表示されますが，1 ページ目だけ，あるいは指定のページの範囲だけ別にするなど，ページによって表示するものを変えることもできます。ページ番号はページによって変わるので，直接打ち込むのではなく，ページ番号を挿入する機能を使用します。具体的な指定方法はワープロソフトにより異なるので，ソフトのヘルプ等で確認してください。

5.　書字の方向

　日本語は縦書きすることも横書きすることもでき，縦書きの場合，行内では上から下へ（↓），行は右から左に（←）に進みます。横書きの場合，左から右（→），上から下（↓）が基本です。古い書き物では，右から左（←）の横書きも見られ，また，現代でも扁額や石碑の題字などでは右からの横書きで書かれることもありますが，これについては 1 行 1 字の特殊な縦書きと捉えることもできます。自動車の車体に書かれる横書きの文字は，進行方向に合わせ左側と右側で方向が異なることがあります。

　　車体の左側（進行方向←）　　　株式会社日本○△興業
　　車体の右側（進行方向→）　　　業興△○本日社会式株

　英語は基本的に横書きされます。ただし，本の背表紙，看板などでは，縦方向に配置されることがあり，文字の向き，進行方向により，書き上げ，書き下げ，縦書きの 3 種類に分類することができます（図 4–8 参照）。

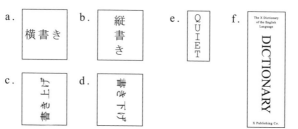

横書き (transverse), 縦書き (pillar, columnar),
書き上げ (ascending), 書き下げ (descending)

図 4–8: 書字の方向

　背表紙のアルファベットのタイトルをどう配置するかは，言語，地域，時代などで変わります。アメリカでは書き下げ式で，本を 90° 左に回転し表紙を上にした時に通常の横書きとして読めるように書かれます。イギリスでは書き上げ式が使われたこともありますが，現在では書き下げ式が普通です。辞書など，幅がある背表紙の場合には横書きも用いられます。f のように，横書きと書き下げの両方が使われることもあります。

　上の e に示したように，縦書きが用いられることもありますが，使用は限定されます。日本語では，句読点等（「」、。〜 など）は縦書きと横書きで字形，升目上の位置，方向などが異なり，例えば，句点の 。は横書きでは升目の左下，縦書きでは右上に書かれ，縦書きで文章を書く時も何の問題もありませんが，英語の句読点はそのようにはデザインされておらず，アルファベットのデザインも縦書きに適さないものが多く，e のような縦書きは例外的な書き方です。自由が利く手書きでは横書きに縦書きが加えられているケースも見ます。

　日本語の縦書きの文章に英語を入れる場合，書き下げの形で挿入されますが，UN, USA, on, "on time" のような短い語，句は縦書きされることもあります。

　日本語では，漫画の吹き出しのセリフは縦書きで右から左に進み，ページも右から左に，コマも基本的に右から左に進みます。英語では，左から右への横書きで，ページもコマも日本語のものとは反対に左から右へと進

むため，日本語の漫画の英訳本では絵を左右反転させて使用します。登場
人物の利き手が逆になっていることがありますが，こういう事情によるも
のです。

6. 大文字の用法

　歴史的には，最初に大文字書体があり，それが変形した結果，小文字書
体が生じました。現在では大文字・小文字の違いは書体の違いではなく，
下に示したように同一書体で各文字に大文字・小文字がありますが，昔は
大文字・小文字は書体の違いであり，現在のように大文字・小文字を混ぜ
て書くことはありませんでした。のちに 1 つの書き物に複数の書体が使用
されるようになり，古い書体でありサイズも大きく荘厳な感じがする大文
字書体は一種の飾り文字として小文字書体とともに使用されるようになり
ます。現在の大文字・小文字の使い分けは，書名・見出し，文章・段落・
文の先頭など，書物の構造の上位の要素(の先頭)に対して大文字書体を使
用した習慣の一部が，現在にも引き継がれたものです。

The House that Jack Built

THIS IS THE HOUSE THAT JACK
built. This is the rat that ate
the malt that lay in the house that
Jack built. This is the cat that
killed the rat that ate the malt that
lay in the house that Jack built.

・タイトルのすべて，または先頭
　および内容語の語頭を大文字に
・本文先頭に dropped capital[5]
・本文 1 行目に small capital（ス
　モールキャピタル）[6]
・文頭に大文字
・固有名詞先頭に大文字

図 4–9: 大文字の使い方

　現在のドイツ語では普通名詞の語頭を大文字にしますが，過去には他の
品詞の語についても大文字を用いることがありました。英語においても同
様で，過去には様々な書き方が存在しましたが，見出し等を除き，文や固

---

[5] 複数行にわたる大文字。図では THIS の T が該当。

[6] x ハイトの大文字のこと。第 4 章 7 節参照。

有名詞の先頭を大文字とする方法が定着し，現在に至っています。

A Quick Brown Fox Jumped over ...	文頭，内容語の先頭を大文字に
A quick brown Fox jumped over ...	文頭，名詞の先頭を大文字に
A quick brown fox jumped over ...	文頭を大文字に

内容語の先頭を大文字にする書き方は，新聞の記事の見出し，書名，題目などでは現在でも用いられています。

　名前の前に付ける President, Prime Minister, Sir, Mr. などの肩書き，敬称などの語頭にも大文字が用いられます。Aichi Prefecture のように，prefecture は固有名詞に準じる扱いでPを大文字にしますが，複数の県を指す時は，Aichi and Gifu prefectures のように先頭は小文字となることもあります。the United States, the United Nations の場合，1つの国，組織を表すので，States, Nations の先頭は必ず大文字になります。

　文中に説明がなくとも，イギリス，ヨーロッパに関する文章で the Continent と書けば the European Continent を指し，アメリカであれば the Civil War で the American Civil War（南北戦争）を指すなどの用法もよく見られます。

the Continent	the European Continent	ヨーロッパ大陸
the Channel	the English Channel	イギリス海峡
the Civil War	the American Civil War	南北戦争

　漫画の吹き出しでは基本的に大文字のみが用いられます。理由について定説はないようですが，真野泰氏は『英語教育』の Question Box で次の説を紹介しています。

　わたしが最も信頼性があると思ったのは，インターネット上の Multiversity Comics というサイトに寄せた "Looking at Lettering: CAPS vs Mixed Case" という記事（2014年4月22日付）の中で Drew Bradley 氏が披露している説。これを要するに，マンガのセリフがすべて大文字なのは，セリフもマンガ家が手で書いていたころに定着した慣習で，大文字だけの

ほうが手間がかからないからなのだそうです。

　[...] A から Z まで，高さはすべて同じ。大文字なら，マンガ家は罫線を 2 本引くだけで字を揃えて書くことができる。

　[...] 小文字をきれいに揃えて書くためには，マンガ家は上から順にascender line, mean line, base line, descender line と 4 本の罫線を引かなければならないというわけです。

（大修館書店『英語教育』2016 年 9 月号，p. 84）

　※文中にある ascender line などについては，以下の図を参照。

図 4-10: 四線と文字の高さ

7.　文字のスタイル：ボールド，イタリック，アンダーラインなど

　フォントごとに基本的な書体 (regular) に加えイタリック，ボールドなどを指定できますが，それらの使い方にもある程度定まった規則があります。

Times　　　*italic*,　　**bold**,　　<u>underline</u>,　　SMALL CAPITAL

Courier　*italic*,　**bold**,　<u>underline</u>,　SMALL CAPITAL

　ボールドは，タイトルや章・節の見出し，また，本文で強調，新しく導入された用語・概念などを示すために用いられたりします。

　イタリックは，下記 a のように強調や語句そのものを示したり，b のように外来語や書名を表記したりするのに用いられます。

a.　We do *not* use the definite article *the* in this way.

b.　*cf.* Hornby's *Guide to Patterns and Usage in English*

一般的に，外来語として導入された時にはイタリックが用いられますが，英語化していくうちにイタリックが用いられなくなる傾向があります。上記の *cf.* はラテン語 confer の略ですが，最近ではイタリックにしない書き方が多く見られます。

　なお，地の文がイタリックの場合，イタリックと通常の書体 (ローマン体，立体) の関係が入れ替わります。

We do *not* use the definite article *the* in this way.

We do not *use the definite article* the *in this way.*

　手書きで原稿を作成する場合には，印刷時にイタリックになる個所を下線で示し，下線部との区別が付くよう，"italic", "underline" (日本語では「イタ」「イタリック」「下線」) などの指示を書き込みます。印刷用の原稿ではなく，そのまま最終版となる場合は指示は書き込まれないので，文脈で判断することになります。昔は博士論文などはタイプライターで作成したものが提出されましたが，やはり，イタリックは下線で示していました。タイプライターで書かれた過去の論文を読む際には，この点に気を付けましょう。

　スモールキャピタル (スモールキャップ，small capitals, small caps) はおよそ x ハイト (小文字 x の高さ) の大文字で[7]，文章の最初の数語や行，BC, AD, AM, PM のような略号などに用いられます。他にも，通常の書体とは区別したいがイタリック，ボールドが別の用途に使用されており使用できない場合，大文字を使用したいが通常のサイズの大文字は使用したくない場合などに使用されます。例えば，次のように人名の表記で姓を大文字で示すことがありますが，通常小文字で書かれる部分をスモールキャピタルにすることがあります。

TAKAMIZAWA Minoru　　　Minoru TAKAMIZAWA

TAKAMIZAWA Minoru　　　Minoru TAKAMIZAWA

---

[7]　フォントによっては x よりも少し高くなります。

　Microsoft Word ではフォントの設定で「小型英大文字」を選ぶと, 大文字はそのままで小文字がスモールキャピタルになります。

　通常の書体　　　Betty Botter bought some butter.
　小型英大文字　　Betty Botter Bought Some Butter.

　X^i, X_i の i は「上付き (superscript)」,「下付き (subscript)」と呼ばれる書体です。文字コードの Unicode には上付き用, 下付き用の文字も登録されています。書体が指定できない場合に, X^i のような代用表記が使われることがあります。

1. X^i　　　X_i　　i (U+0069) を上付き / 下付きの書体で表示
2. X^i　　　X_i　　上付き / 下付き用文字の ^{i} (U+2071) と $_i$ (U+1D62)
3. X^i　　　X_i　　代用表記

i　　U+0069　　LATIN SMALL LETTER I
^{i}　　U+2071　　SUPERSCRIPT LATIN SMALL LETTER I
$_i$　　U+1D62　　LATIN SUBSCRIPT SMALL LETTER I

第 **5** 章

数字，数値，数詞など

1. 基本的な数字，数値の読み方
2. 時間，角度，長さ，分数
3. 年　　　　号
4. 時　　　　刻
5. ローマ数字

　この章では，数字，数値などの表現，表記の原理や，分数を表すのになぜ序数詞を使うのかなど，「なぜ」の部分に焦点を当てて見ていきます。表現の背後にある原理について説明しますが，理屈ではそうなるが実際に使われるのは稀であったり，地域，分野，個人などで違いが出る言い方も含まれます。数量表現の用法について詳しくは，研究社辞書編集部〔編〕／トム・ガリー〔監〕『英語の数量表現辞典〈増補改訂版〉』をご覧ください。

1.　基本的な数字，数値の読み方

　まずは基数（cardinal number）の読み方の基本を確認しましょう。

　"five thousand forty-six" のように単語が並べて書かれていれば，そのまま読めばいいわけですが，5046（5,046）と書かれていたら自分で読み方を考える必要があります。

　日本語では4桁区切り，英語では3桁区切りになります。日本語でもアラビア数字では通常3桁区切りにしますが，以下では便宜的に4桁区切りで表記します。

123456789

日本語　1,2345,6789

1,	億	1億
2345,	万	2千3百4十5万
6789		6千7百8十9

英語　123,456,789

123,	million	one hundred（and）twenty-three **million**
456,	thousand	four hundred（and）fifty-six **thousand**
789		seven hundred（and）eighty-nine

図 5-1: 日本語と英語の桁区切り

　英語では3桁区切りで読みますが，1500 のような場合には fifteen hundred，$1550 を fifteen hundred fifty dollars のように2桁区切り（15,00; 15,50）で読むこともあります。

・数詞を修飾する不定冠詞・形容詞

　英語の文章を読んでいると，a good forty minutes（たっぷり 40 分），a mere two pages（たったの 2 ページ）のような，複数名詞に不定冠詞が付いたように見える表現をよく目にしますが，この不定冠詞は何でしょうか。

　次のように数詞は形容詞で修飾することができますが，形容詞で修飾されると数詞に不定冠詞が付きます。

a mere two（of the total fifty pages）

数詞は名詞を修飾することができるので，a mere two pages という，一見，複数形に不定冠詞が付いたように見える形が可能になるわけです。

　　[数詞句 a mere two]
　　[名詞句 [数詞句 a mere two] pages]

辞書では estimated, further, additional, good, another（another < an + other）などの項目で説明していることが多いのですが，一部の形容詞だけでなく，いろいろな形容詞が数詞を修飾することができます。

He finished an amazing sixth in the group.

・序数

　序数（ordinal number）は，基数に接辞(e)th を付けるのが基本です。6 番目なら six に th を付け sixth とします。sixty のように -ty で終わる基数には eth /əθ/（e は黙字ではなく /ə/）を付け sixtieth /síkstiəθ/ とします（y は語中では i に替る）。日本語では数学などで「n 番目の」という言い方をしますが，英語では nth /enθ/ と言います。

one	two	three	five	eight	nine	n
first	second	third	fifth	eighth	ninth	nth
1st	2nd	3rd	5th	8th	9th	

アラビア数字で表す時は，5th のように数字の後に th を付けますが，1〜3

については 1st, 2nd, 3rd とします。2d, 3d のように書かれることもあります。

　基数 one, two, three に対応する序数 first, second, third は古い英語では fyrst, other, thrid と言っていました。fyrst は fore の最上級で「一番前の［で］」を表しました。two の序数はなく other で代用されていましたが，後に古フランス語の second を用いるようになりました。third は thrid が音位転換により変化したものです。音位転換とは「さんざか」が「さざんか」（山茶花）に，「あらたしい」が「あたらしい」に変わるように，隣接する音の位置が入れ替わる現象です。

　11〜13 番目は eleventh, twelfth, thirteenth ですが，21 番目，32 番目，43 番目のように 20 以上で 1 桁目が 1, 2, 3 の場合，-first, -second, -third を用い twenty-first, thirty-second, forty-third とし，アラビア数字を用いる時も 21st, 32nd, 43rd とします。×21th, ×32th, ×43th のように書くミスは結構目にするので注意しましょう。

・小数
　小数点の前は通常通り読み，小数点を "point" と読み，その後の数字を 1 つずつ読んでいきます。

1.2	one point two
1.23	one point two three
1.234	one point two three four
12.34	twelve point three four
12.345	twelve point three four five

・累乗
　累乗は power で表し，5 乗であれば to the power of 5 または to the 5th power となります。

$2^5 = 32$　　Two to the power of 5 is 32.
　　　　　　Two to the 5th power is 32.

「x の n 乗」なら次のようになります。

x^n　　　　x to the power of n

　　　　　x to the nth power

2 乗，3 乗には square, cubic が使われます。

$5^2 = 25$　　　The square of 5 is 25.

1 cm³ = 1 cc とぴったり同じになるのは同じ単位の異なる表記だからです。「立方センチメートル」を英語で言えば cubic centimeter で，頭文字を取れば cc となります。

cm³　→　cubic centimeter　→　cc

square は置かれる位置が長さの単位を表す名詞の前か後かで意味が異なります。

4 square meters　　　4 平方メートル（面積）

4 meters square　　　4 メートル四方（1 辺 4 m の正方形）

・桁

　アラビア数字 0〜9 の 1 つ 1 つは figure，あるいは digit と言い（以下，例では figure を用いる），2 桁，3 桁の数なら double figures, three figures，「8 桁の収入」なら an eight-figure income, an income of eight figures となります。位を表す桁は place で，「小数点以下 2 桁まで」なら次のようになります。基数の two なら place は複数，序数の second なら単数です。

to two places of decimals

to two decimal places

to the second decimal place

2.　時間，角度，長さ，分数

　分は minute で，秒は second。second は2番目を表す序数詞 second と同じ発音，綴りです。分数の 1/3 は one third で，2/5 は two fifths。特に疑問も持たずに使っている人が多いと思いますが，なぜ，序数詞が用いられるのでしょうか。

・minute と second

　まず，時間の単位について考えましょう。基本となる単位「時間 (hour)」があって，それを「小さな (minute)」部分に分割したものが分 minute です。この「最初の小さな」部分 (ラテン語 pars minuta prima) をさらに分割したものが「2番目に (second) 小さな (minute)」部分で秒 second となります。

> 1 時間
> 1/60 時間　　　＝1分　最初の 60 分割した小さな部分 (minute)
> (1/60)/60 時間 ＝1秒　2番目の 60 分割した小さな部分 (second)

分を表す名詞 minute /mínət/ と「小さな，細かな」を表す形容詞 minute /maɪnjúːt/ が同じ綴りなのは偶然でなく，また，「秒」を表す second が序数詞 second と同じ綴りであるのも，こういう歴史的な事情からです。

　元々 minute も second も名詞を修飾する形容詞でしたが，それ自体で分，秒を表す名詞として使われるようになり，a second と単独で不定冠詞が付いたり[1]，five minutes, ten seconds と複数形で使われたりするようになりました。

---

[1]　定冠詞は，the old, the rich ように，「the + 形容詞」の形で使うことはできますが，「不定冠詞 a(n) + 形容詞」は使えません。例えば，文脈から省略されている名詞が book だとわかっても，×I read an interesting yesterday. と言うことはできません。

・<′> プライム（prime）

次に分割した単位の表記方法について。

　分割した単位を表すのに「プライム（prime）」と呼ばれる記号（′）を用いる場合，基本単位を分割したものであることを示すのに，まずはプライム1つを用います。その次は2つ，3つと，増えていきます。

x

x'　　　　x prime（=first）

x''　　　　x second

x'''　　　　x third

何分割になるかは，時間，角度，長さなどで変わります。

時間	1 hour	= 60 minutes
	1 minute	= 60 seconds　　$1' = 60''$
角度	1 degree	= 60 minutes
	1 minute	= 60 seconds　　$1' = 60''$
長さ	1 yard	= 3 feet
	1 foot	= 12 inches　　$1' = 12''$

読み方

時間	$3'10''$	3 minutes 10 seconds	3分10秒
角度	$3'10''$	3 minutes 10 seconds	3分10秒
長さ	$3'10''$	3 feet 10 inches	3フィート10インチ

　prime は元々「第1の」（小さな部分）(cf. prime minister「首相」) を表したものですが，それが記号の名前としても用いられるようになり，<″> も second ではなく double prime のように呼ばれるようになりました。

pars minuta prima	pars	部分
x'	minuta	小さな → minute　分
	prima	第1の → prime　プライム記号

・分子と分母，倍数の表し方

次に分数の表記について見ましょう。

時間の場合，hour を 60 分割した単位 minute をさらに 60 分割するので，2 番目の 60 分割した単位 second は $1/60^2$ 時間で，1/3600 時間となりました。これに対し，分数の場合は，全体を順次等分していき，2 番目，3 番目，. . . と数えていきます。1/3 なら a third part。分数に序数詞が用いられるのは，このような事情によります。

1	⏱	a whole	全体
1/2	⏱	a second part	2 番目の等分した部分
1/3	⏱	a third part	3 番目の等分した部分
1/4	⏱	a fourth part	4 番目の等分した部分

third, fourth などは，元々名詞を修飾する形容詞相当の語ですが，part を省き third 自体で third part を表すようになり，名詞として扱われるようになりました[2]。それ自身名詞なので，two thirds のように複数の場合は複数形になります。元々形容詞だった minute, second が名詞として使われるようになったのと似ています。なお，現在では part を伴った用法は稀です。

a third part	a も third も名詞 part を修飾
a third	third は名詞，a は名詞 third を修飾
two third parts	two も third も名詞 part を修飾
two thirds	thirds は名詞で複数形，two は名詞 third を修飾

1/2 には second ではなく half を用い，複数形は halves です (cf. knife–knives, wolf–wolves)。1/4 には fourth と quarter の 2 つの単語が使え，3/4 なら 3 fourths, 3 quarters となります。

---

[2] *OED* の説明: "With a numeral: each of a number of equal portions into which a thing may be divided; an exact divisor, a submultiple; *spec. (a)* (with a preceding ordinal numeral) denoting the number of equal portions that would make up a whole, as *a third part, two third parts*, etc. (now usually omitted, the ordinal thus becoming a noun, as *a third, two-thirds,* etc.);" [*OED*, s.v. part, *n.*[1], sense 2.a.]

　分数は "分子 over 分母" の形で表すこともあります。12/345 なら "twelve over three hundred forty-five" になります。

$$\frac{12}{345}$$

　12 ………… twelve
　………………… over
　345 ……………………… three hundred forty-five

分母を表す序数詞は名詞なので, 形容詞で修飾することができます。

a mere fifth　　たったの 1/5
a full third　　丸々 1/3

2/5 は two fifths になりますが, 先ほど見た通り, 数詞は形容詞で修飾でき, その場合, 数詞には不定冠詞が付くので, 「たったの 2/5」は a mere two fifths となります。one も数詞なので, 「たったの 1/5」は a mere one fifth と言うこともできます。

［名詞句 ［数詞句 a mere two] fifths]　　たったの 2/5
［名詞句 ［数詞句 a mere one] fifth]　　たったの 1/5

　日本語では分数 x/y の y を「分母」, x を「分子」と呼び区別しますが, 英語ではそれぞれ denominator, numerator と呼びます。

two thirds　　$\dfrac{2}{3}$　　分子　numerator
　　　　　　　　　　　　分母　denominator

なぜそう呼ばれるのか。分解して考えましょう。

numerator,　　numeration　　＜　numerate
denominator, denomination　＜　denominate

denominator は denominate ＋ -or ですが, denominate の nomin はラテン語で名前 nomen のことで, denominate は「命名する, ある単位で示す」を表します (cf. nominate)。名詞 denomination なら「ある単位で示すこと」「単位」で, その単位を示すのが denominator ということになります。1/2,

1/3, 1/4, . . . などの単位を表すものということです。

　numerate は「数える」という意味で, numerator なら「数えるもの」。単位である half (1/2), third (1/3), fourth/quarter (1/4), . . . がいくつあるか示すものということになります。2/3 なら, third (1/3) という単位が 2 つ (two) あることを示し, two thirds と読まれる, ということになります。

　「〜分の 1」の逆に「〜倍」を表す場合には times を用います。ten times bigger, ten times more expensive のように形容詞の比較級などの前に置かれるだけでなく, 名詞句の前に置くこともできます。

　形容詞の比較級など
　　A is [five times [as large as B]].
　　A is [five times [larger than B]].

　名詞句
　　[three times [the size of Earth]]　　地球の大きさの 3 倍
　　[four times [its length]]　　　　　　その長さの 4 倍
　　[ten times [the price]]　　　　　　　その価格の 10 倍

日本語の「地球の大きさの 3 倍」では「地球の大きさ (の)」が「3 倍」を修飾しますが, 英語では three times が後ろの the size of Earth を修飾する形になります。4 times 5 のように被修飾句が数詞のみになると, 数式の読み方になります。日本人は "4 × 5" を通常「4 の 5 倍」と解釈しますが, 英語では掛ける数値と掛けられる数値が逆になり, 「4 倍の 5」(5 の 4 倍) と解釈されることになります。

　$4 \times 5 = 20$
　Four times five is [equals] twenty.

　比較
　Four multiplied by five is [equals] twenty.

このへんの感覚の違いから, 何かが 5 個あること, 何かの 5 倍を表すのに

日本語話者が「×5」と書くことが多いのに対し，英語話者は「5×」と書くといった違いが生じます。

3.　年　　号

　1986 は基数なら 3 桁区切りで 1,986 となり，one thousand nine hundred eighty-six と読みますが，年号は 2 桁区切りが基本となります。

1986　nineteen hundred and eighty-six

1900　nineteen hundred
　86　　　　　　　　and eighty-six

これで nineteen hundred and eighty-six と読めます。この読み方を便宜的に A 方式と呼びます。通常は hundred and を省略し 2 桁ずつまとめて nineteen (19) eighty-six (86) と読みますが，こちらを B 方式と呼びます。次の年もどちらの方式も可能ですが，普通 B 方式で読みます。

	B 方式	A 方式
1345	thirteen forty-five	thirteen hundred and forty-five
1682	sixteen eighty-two	sixteen hundred and eighty-two
1961	nineteen sixty-one	nineteen hundred and sixty-one

　下 2 桁の最初の数字が 0 の場合，B 方式では 0 を oh と読みます。

1407	fourteen oh seven	fourteen hundred and seven
1901	nineteen oh one	nineteen hundred and one

1500 のように下 2 桁が 00 の場合は 15 hundred のように読みます。

1500　　　　　　　　　　fifteen hundred

下 3 桁が 000 となるときりがいいので，one thousand のように 3 桁区切りで thousand を付けて読みます（C 方式）。

C 方式

1000 one thousand

2000 two thousand

2003 のような場合には，B 方式と C 方式が用いられますが，C 方式の場合，イギリス英語では and を入れ，アメリカ英語では入れません。

	B 方式	C 方式	
2003	twenty oh three	two thousand and three	(BrE)
		two thousand three	(AmE)
2012	twenty twelve	two thousand and twelve	(BrE)
		two thousand twelve	(AmE)

2012 年ロンドンオリンピックの場合は B 方式で読みます。

The 2012 Olympics（London） The twenty twelve Olympics

次は 3 桁の場合です。

465　　four sixty-five　　four hundred and sixty-five（BrE）

AD（Anno Domini, in the year of our Lord），BC（Before Christ）を付ける場合，AD は前，BC は後ろが基本ですが，AD は後ろに付けられることもあります。

15　AD fifteen　　　350 BC　three fifty BC
　　fifteen AD

Domini, Christ を含む AD, BC の代わりに宗教色をなくした CE（Common Era），BCE（Before the Common Era）が使われることがあります。

4. 時 刻

時刻の言い方は 12 時間制と 24 時間制で変わります。

12 時間制で 1 時は one o'clock ですが，この o'clock は何でしょうか。第 2 章の 3 節 (☞ p. 33) で見た通り，アポストロフィー <'> は省略記号で，元々は of the clock の下線部が省略されたものでした。

one o'clock < one of the clock

of the clock という前置詞句が縮約されて o'clock と 1 語となり，副詞となりました。one が修飾している名詞ではないので，数詞が one から two, three, four, ... に変わっても，「複数形」o'clocks になったりしません。

12 時間制の通常の時計では数字は 1 から 12 までしかないので，0 時や 13 時に当たる表現はありません。8 時が午前か午後かは，in the morning, in the evening や a.m., AM (< ante meridiem), p.m., PM (< post meridiem) を付けて区別します。a.m., p.m. は日本語の「午前」「午後」と違い，8 a.m. のように数詞の後に付けます。

なお，o'clock は at early o'clock (「早い時間に」) のように名詞として使われることもあります。

24 時間制の言い方では表現の形式が変わります。日本語では 13:00 のようにコロンを使うのが普通ですが，英語では 13.00 や 1300 のように表記することがよくあります。1300 は 2 桁区切りで thirteen hundred ("13 百") と読み，「時間」を表す名詞 hour が用いられます。thirteen hundred が名詞 hour を修飾する形で hour は複数形 hours になります。

1300 thirteen hundred hours

13:50 なら thirteen hundred hours and fifty minutes となりますが，minutes は用いず全体に hours を付けたり，さらに hundred を略して読んだりもし

ます。実際にどう読むかは地域，分野，個人などで異なることがあります。

1350　thirteen hundred hours and fifty minutes

　　　　thirteen hundred fifty hours

　　　　thirteen fifty hours

なお，0 時は zero hours と複数形になります。

5.　ローマ数字

　時計の文字盤で使われるので日本人にも馴染みのある数字ですが，英語では時計以外でもよく使われます。

漢数字	一	二	三	四	五	六	七	八	九	十
アラビア数字	1	2	3	4	5	6	7	8	9	10
ローマ数字(大文字)	I	II	III	IV	V	VI	VII	VIII	IX	X
(小文字)	i	ii	iii	iv	v	vi	vii	viii	ix	x

図 5–2: 漢数字，アラビア数字，ローマ数字

　まずは表記法を確認し，その後，使用法について見ることにします。なお，以下で説明する方法とは異なる表記の仕方もあります。

　注意が必要なのは 4 と 9 です。4 には IIII という表記もありますが[3]，III と区別が付きにくくなるので，IV が使われます。IV は V の 1 つ前で 4，VI は V の 1 つ後で 6 を表します。VI は 6 で 5 + 1 の足し算になりますが，IV は 4 で 5 − 1 の引き算になります。

　9 にも足し算方式の VIIII という表記がありますが，8 の VIII と区別が

---

[3]　*OED* の Forms 欄には次のように書かれ，rare（稀）とされていますが，今でも時計の文字盤では IIII, VIIII の表記が用いられることがあります。

　　i. Also represented by the numerical symbols **4, iv, IV, iiii** (now *rare*), and **IIII** (now *rare*). [*OED*, s.v. four, *adj.* and *n.*]

　　ii. Also represented by the numerical symbols **9, ix, IX, viiii** (*rare*), **VIIII** (*rare*)." [*OED*, s.v. nine, *adj.* and *n.*]

付きにくいので，引き算方式の IX が使われます。11 から 20 は次のよう
になります。XIV (14) と XIX (19) に気を付けましょう。

11	12	13	14	15	16	17	18	19	20
XI	XII	XIII	XIV	XV	XVI	XVII	XVIII	XIX	XX

　大きな数値を表すには，L (50), C (100), D (500), M (1000) を用います。
元々はそれぞれの数値を表す記号がありましたが，それらがアルファベッ
トの文字に置き換えられたものです。C (100), M (1000) は比較的覚えやす
いですが，覚えにくいという人は，century (百年)，millennium (千年) と関
連付けて覚えるのも 1 つの手です (ただし語源的には無関係)。C, M に比べ L
(50), D (500) は覚えにくいかもしれません。こじつけになりますが，次の
ように倍の数を表す XCM の形，VLD 同士の順序を関連付けると，記憶に
残りやすいかもしれません。

10	X	V 5	X (10) の上半分が V (5)
100	C	L 50	C (100) の下半分が L (50)
1000	M CD	D 500	M (1000) (昔は ⅭⅠƆ と表記) の右半分が D (500)

　　V <右に回転して> → L <輪を閉じる> → D

IVX の組み合わせで 1〜10 の数値を表したのと同様の原理で，これらの文
字を組み合わせて大きな数値を表します。

10	20	30	40	50	60	70	80	90	100
X	XX	XXX	XL	L	LX	LXX	LXXX	XC	C

100	200	300	400	500	600	700	800	900	1000
C	CC	CCC	CD	D	DC	DCC	DCCC	CM	M

1998 なら 1000 + (1000 − 100) + (100 − 10) + 8 で MCMXCVIII になりま
す。

1998		MCMXCVIII
= 1000		M
+900	(1000 − 100)	CM
+90	(100 − 10)	XC
+8		VIII

II が World War II では "two"，Elizabeth II では "the second" と読まれるように，ローマ数字は基数（cardinal number）を表すのにも，序数（ordinal number）を表すのにも使われます。

表計算ソフトの MS Excel にはアラビア数字による表示とローマ数字による表示を変換する関数もあります。「=ROMAN(1984)」「=ARABIC("DXVIII")」と入力するとそれぞれ「MCMLXXXIV」「518」と表示されます。「=ROMAN(A1)」「=ARABIC(A1)」のように変換したい数値，文字列が入ったセルを引数に指定することもできます。あまり使わない大きい数値はこのような方法で処理するのも 1 つの手です。

大文字の I, II, III, ... は大分類に，小文字の i, ii, iii, ... は小分類に用いられます。これはローマ字（ABC.../abc...），ギリシャ文字（ABΓ.../αβγ...）でも同様です。大文字は，Volume III, Chapter IV, Part V のように，巻数，章番号などによく用いられます。

本文で例文等に番号を振るのにアラビア数字を使用し，註では小文字のローマ数字を用いることもあります。小文字のローマ数字は本の前付け（前書き，目次など，本文の前の部分）のページ番号にも用いられます。書評などで "xii+260 pp." のように書かれていることがありますが，これは前付け部分が 12 ページ，本文が 260 ページという意味です。

| 例文番号 | 本文 | (1), (2), (3), ... | 註 | (i), (ii), (iii), ... |
| ページ番号 | 本文 | 1, 2, 3, ... | 前付け | i, ii, iii, ... |

文字コードの Unicode には I, II, III, IV などを組み合わせて 1 字としたローマ数字が登録されています。MS 明朝などの和文フォントではⅠ，Ⅱ，Ⅲ などの単位で横幅が揃うデザインとなっていることが多く，位置などを

揃えるのには便利ですが，欧文フォントでは対応しておらず表示されない
こともあり，環境によって表示が変わるため，英語の文章では用いない方
がいいでしょう。(下記は表示の一例で，表示されるものは環境によって異なりま
す。□は適切に表示されていないことを表します。)

	MS 明朝	I II III IV V VI VII VIII IX X
ローマ数字専用	Times	I II III IV V VI VII VIII IX X
	Times New Roman	□ □ □ □ □ □ □ □ □ □
	Courier	I II III □ V □ □ □ □ X
ローマ字の組み合わせ	Times New Roman	I II III IV V VI VII VIII IX X
	Courier	I II III IV V VI VII VIII IX X

図 5–3: ローマ数字の書き方とフォント

なお，タブには左端だけでなく右・中央・小数点の位置で揃えて表示する
ものもあるので，文字により幅の異なるプロポーショナルフォントで揃え
て表示するにはそれらを利用します (タブの使い方については第4章64–66ペー
ジを参照)。

　Unicode にはローマ数字以外にも次のような ○( ) などと組み合わされ
た文字が登録されていますが，これらも適切に表示されないことがあるの
で，ファイルを異なる環境下で処理する場合には扱いに気を付けましょう。

囲み英数文字　　　①②⑲⑳(1)(2)⒆⒇1. 2.19.20.(a)(b)(c)ⒶⒷⒸⓐⓑⓒ

数字に準じるもの　⅓⅔⅕⅖⅗⅘⅙⅚⅛⅜⅝⅞⅟ I II III IX X i ii iii ix x

第❻章

発音記号

1. 言語音：発音器官，母音，子音など
2. 国際音声記号（IPA）
3. 簡略表記と精密表記，音声と音素
4. 記号の説明
5. 発音記号と類似した文字

　辞書の発音表記の利用は専門家に限るものではありませんが，その仕組みを学ぶ機会はあまりありません。本章では英語学習や英語使用の際に利用される発音記号についてその仕組みを確認します。仕組みを理解するには記号が表す音について理解する必要があるためやや詳しく説明しますが，音声の理解，習得が目的ではないので，音声そのものについて体系的に詳しく知りたい方は音声学の本をご覧ください。

1.　言語音：発音器官，母音，子音など

　まずは簡単に発音の仕組みの基本から確認しましょう。下に発音器官を示しましたが，言語音を発する時に使用する各部位は次のように呼ばれています。

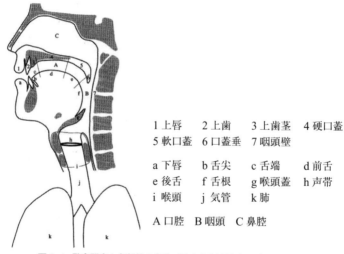

| 1 上唇 | 2 上歯 | 3 上歯茎 | 4 硬口蓋 |
| 5 軟口蓋 | 6 口蓋垂 | 7 咽頭壁 | |

a 下唇	b 舌尖	c 舌端	d 前舌
e 後舌	f 舌根	g 喉頭蓋	h 声帯
i 喉頭	j 気管	k 肺	

| A 口腔 | B 咽頭 | C 鼻腔 |

図6-1: 発音器官と各部位の名称（図は斎藤純男（2006），p. 12 より）

　舌の先端（舌尖，図のb）を歯茎に付け，後ろにずらしていくと硬い部分が続き，さらに奥にずらしていくと軟らかい部分があることがわかります。硬い部分を**硬口蓋**，軟らかい部分を**軟口蓋**と呼び，その奥に垂れ下がっている部分が**口蓋垂**（喉彦，のどちんこ）です。軟口蓋は**咽頭壁**（図の7）にくっ

付き**鼻腔**に続く経路を塞ぎますが，鼻腔側の咽頭壁と接する部分も含めて指す時は**口蓋帆**と呼びます。言語音は基本的に**肺**から出される息を使って発せられます[1]。

・有声音と無声音

　耳を塞いで［s::z::s::z::], ［f::v::f::v::]（:: は長く伸ばすことを示す）[2] と発音すると［z::, v::］で音が大きく響くのを感じることができます。今度は指先を後ろに向けて両手で喉仏のところを包み込むようにして触れて発音すると［z::, v::］の箇所で手に震えが感じられ，喉のところで振動が生じていることがわかります。この振動を作っているのが声帯（上記図 6–1 の h）で，声帯が振動すると有声音，震えないと無声音になります。

・母音と子音

　［amamama］（アマママ）と発音すると，口が開いたり閉じたりするのがわかります。［a::m::a::m::］のように［a］と［m］を長く伸ばして発音すると，口の状態が観察しやすくなります。

　［m］では唇が閉じ（閉鎖を作り）肺から送り出された空気がそこで止められ，空気は鼻から抜けて外に出ます。［m::］と発音しながら鼻をつまむと音が止まるので，鼻から空気が出て音が作られていることが確認できます。［a］では［m］のように口のどこかで閉鎖が生じることなく，空気は口から出て行きます。［a::］と発音しながら鼻をつまんでも（少し響きは変わりますが）そのまま［a::］と発音し続けられることから，空気は鼻に抜けていないことがわかります。［m］のように肺からの呼気を口のどこかで妨げて出す音が**子音**，妨げられずに口から出る音が**母音**です。

---

[1]　それ以外の方法で発音される音を用いる言語もありますが，日本語と英語では通常言語音として用いられません。英語でも think の k などが非肺気流音の一種である軟口蓋放出音［kʼ］で発音されることもありますが，肺気流音の［k］とは区別されません。

[2]　［z::, v::］がうまく発音できない場合には，手に息を吹きかける時の「ハー」と「アー」を交互に発音して比べてみてください。「ハー」と違い「アー」は大きく響き，喉のところで振動していることが感じられます。

　子音は主として空気の流れが妨げられる場所（「調音位置」と言う），方法（調音様式），声帯の振動の有無（有声・無声）で分類されます。[m] は両唇を閉じて空気を鼻に抜く音でしたが，鼻に抜かず両唇のところで空気を溜め一気に勢いよく離して破裂されると破裂音 [p] になります。「ファイト」の先頭では唇を狭めるだけで止めずに空気を出しますが，そうすると唇のところで気流が乱流になり摩擦音が生じ，また別の音（[ɸ]）になります。このように調音位置が同じでも，調音様式を変えることで異なる音を出すことができます。

　口の中のどこでも妨げを作らない母音は子音とは異なる基準で分類します。「イエア」と発音すると顎が下がり口が開いていき，口と一緒に舌も動き位置が下がって（低くなって）いきます。「ウオア」と発音すると同様に舌の位置が低くなっていきます。「イウイウイウ」「エオエオエオ」と発音すると舌が前後に動きます。次ページの図 6–2 の上は「アイウエオ」と発音した時の実際の舌の位置の X 線写真で，下は X 線写真を基に作成された図です[3]。図には舌の位置が比較しやすいように ⌣ という印が描かれていますが，これを基準にして見てみると，舌の一番高くなっているところが母音によって違うことがはっきりと見て取れます。このように，母音「アイウエオ」は舌の高くなっている箇所に着目して区別することができます。実際の位置をそのまま写したものではありませんが，図 6–3 のようにアイウを頂点にした三角形で 5 つの母音の相対的な位置関係を示すことがあり，「母音の三角形」と呼ばれます。

　「イ」と「オ」には舌の位置だけでなく唇の形にも違いがあります。「イ」と発音する時は唇は平たく，「オ」では唇は少しすぼめた（円めた）状態になります。「イ」と同じ舌の位置で唇を円めて発音すると別の音になります

---

[3]　国立国語研究所（1990）「日本語の母音，子音，音節：調音運動の実験音声学的研究」より。上の図（X 線写真）のページは番号なし，下は pp. 58–60。下の図に書かれている「/u/〔ɯ〕」の表記は /u/ が音素表記で，〔ɯ〕が音声表記です。〔ɯ〕は本来 [ɯ] と表記するべきものですが，[ ] の代用として〔 〕が使われることもあります。音素表記と音声表記，[ɯ] の記号の意味については後で説明します。

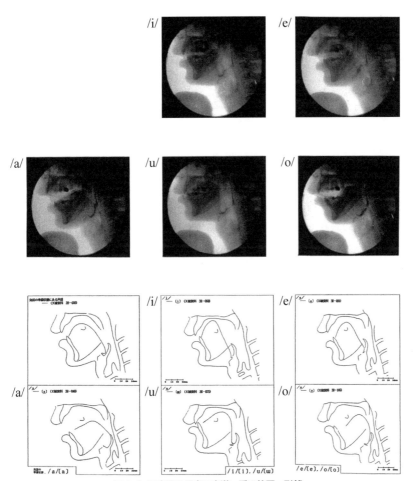

図6-2: 日本語の母音の声道，舌の位置・形状

図6-3: 母音の三角形

が，この音は日本語では使われず，使われたとしても「イ」と区別されません（口を丸めて「ちがうもん」と言っても先頭の「ち」の母音は「イ」と解釈されます）が，言語によっては違う音として扱われます。このように，舌の位置（前後（前奥），高低（広狭））と唇の円め（円唇・非円唇）で母音を分類することができます。母音は無声で発音することもできますが，普通は有声音です。

2.　国際音声記号（IPA）

　上記の基準に別の要素を加え，できるだけ多くの言語の音をカバーできるよう定められたのが国際音声記号（IPA, the International Phonetic Alphabet）です。IPA は何度か改訂されていますが，p. 99 に示したのは 2020 年の改訂版です。一番上の表で記号が書かれていない欄には，空欄のものとグレーに塗り潰されているものがありますが，前者は理屈上は発音可能だが言語音として使われていることが確認されておらず記号が割り当てられていないもの，後者は調音器官の構造上該当する音は調音不可能であることを示しています。一般的な英語の辞書で目にする発音記号を理解するのにここまで詳しいものは必要ないので，一部を抜き出して日本語でまとめたものが p. 100 の図 6–5 です。以下，この図を基に母音，子音の順で詳しく見ていくことにします。

・母音
　まずは図 6–5 の下の母音の図の台形と記号から見ていきましょう。日本語だけでも，方言差も含めて記述するなら上で見た母音の三角形では済みませんが，様々な言語の音を記述するにはさらに不十分で，図にある台形を用います。
　この図は「基本母音」（cardinal vowels）という考えに基づいています。基本母音は次のようにして定められています。舌の位置が最も前で口を狭めて発音する母音を [i] とし，舌の位置が最も奥で口を広く開けて発音する母音を [ɑ] とします。唇は [i] では平たく [ɑ] では円めません。そして [i]

THE INTERNATIONAL PHONETIC ALPHABET (revised to 2020)

CONSONANTS (PULMONIC)   ©Ⓓ◎ 2020 IPA

	Bilabial	Labiodental	Dental	Alveolar	Postalveolar	Retroflex	Palatal	Velar	Uvular	Pharyngeal	Glottal
Plosive	p b			t d		ʈ ɖ	c ɟ	k ɡ	q ɢ		ʔ
Nasal	m	ɱ		n		ɳ	ɲ	ŋ	N		
Trill	B			r					R		
Tap or Flap		ⱱ		ɾ		ɽ					
Fricative	ɸ β	f v	θ ð	s z	ʃ ʒ	ʂ ʐ	ç ʝ	x ɣ	χ ʁ	ħ ʕ	h ɦ
Lateral fricative				ɬ ɮ							
Approximant		ʋ		ɹ		ɻ	j	ɰ			
Lateral approximant				l		ɭ	ʎ	L			

Symbols to the right in a cell are voiced, to the left are voiceless. Shaded areas denote articulations judged impossible.

CONSONANTS (NON-PULMONIC)

Clicks	Voiced implosives	Ejectives
ʘ Bilabial	ɓ Bilabial	ʼ Examples:
ǀ Dental	ɗ Dental/alveolar	pʼ Bilabial
ǃ (Post)alveolar	ʄ Palatal	tʼ Dental/alveolar
ǂ Palatoalveolar	ɠ Velar	kʼ Velar
ǁ Alveolar lateral	ʛ Uvular	sʼ Alveolar fricative

OTHER SYMBOLS

ʍ Voiceless labial-velar fricative   ɕ ʑ Alveolo-palatal fricatives

w Voiced labial-velar approximant   ɺ Voiced alveolar lateral flap

ɥ Voiced labial-palatal approximant   ɧ Simultaneous ʃ and x

ʜ Voiceless epiglottal fricative

ʢ Voiced epiglottal fricative

ʡ Epiglottal plosive

Affricates and double articulations can be represented by two symbols joined by a tie bar if necessary.   t͡s k͡p

VOWELS

	Front	Central	Back
Close	i•y	ɨ•ʉ	ɯ•u
	ɪ ʏ		ʊ
Close-mid	e•ø	ɘ•ɵ	ɤ•o
		ə	
Open-mid	ɛ•œ	ɜ•ɞ	ʌ•ɔ
	æ		ɐ
Open	a•ɶ		ɑ•ɒ

Where symbols appear in pairs, the one to the right represents a rounded vowel.

SUPRASEGMENTALS

ˈ	Primary stress	ˌfoʊnəˈtɪʃən
ˌ	Secondary stress	
ː	Long	eː
ˑ	Half-long	eˑ
˘	Extra-short	ĕ
ǀ	Minor (foot) group	
ǁ	Major (intonation) group	
.	Syllable break	ɹi.ækt
‿	Linking (absence of a break)	

DIACRITICS

Voiceless	n̥ d̥	Breathy voiced	b̤ a̤	Dental	t̪ d̪
Voiced	s̬ t̬	Creaky voiced	b̰ a̰	Apical	t̺ d̺
Aspirated	tʰ dʰ	Linguolabial	t̼ d̼	Laminal	t̻ d̻
More rounded	ɔ̹	Labialized	tʷ dʷ	Nasalized	ẽ
Less rounded	ɔ̜	Palatalized	tʲ dʲ	Nasal release	dⁿ
Advanced	u̟	Velarized	tˠ dˠ	Lateral release	dˡ
Retracted	e̠	Pharyngealized	tˤ dˤ	No audible release	d̚
Centralized	ë	Velarized or pharyngealized	ɫ		
Mid-centralized	ě	Raised	e̝ (ɹ̝ = voiced alveolar fricative)		
Syllabic	n̩	Lowered	e̞ (β̞ = voiced bilabial approximant)		
Non-syllabic	e̯	Advanced Tongue Root	e̘		
Rhoticity	ɚ a˞	Retracted Tongue Root	e̙		

Some diacritics may be placed above a symbol with a descender, e.g. ŋ̊

TONES AND WORD ACCENTS

LEVEL			CONTOUR		
e̋ or ꜛ	Extra high		ě or ꜛ	Rising	
é	˦ High		ê	˥ Falling	
ē	˧ Mid		e᷄	˦ High rising	
è	˨ Low		e᷅	˨ Low rising	
ȅ	˩ Extra low		e᷈	˦ Rising-falling	
ꜜ	Downstep		↗	Global rise	
ꜛ	Upstep		↘	Global fall	

[https://www.internationalphoneticassociation.org/IPAcharts/IPA_chart_orig/pdfs/IPA_Kiel_2020_full.pdf]

図6–4: 国際音声記号表

	両唇音	唇歯音	歯音	歯茎音	後部歯茎音	硬口蓋音	軟口蓋音	口蓋垂音	声門音
鼻音	m	ɱ		n		ɲ	ŋ	N	
破裂音	p b			t d		c ɟ	k g	q ɢ	ʔ
摩擦音	ɸ β	f v	θ ð	s z	ʃ ʒ	ç ʝ	x ɣ	χ ʁ	h ɦ
破擦音				ts dz	tʃ dʒ				
ふるえ音				r				R	
弾き音				ɾ					
側面接近音				l					
接近音				ɹ		j			
両唇軟口蓋接近音	(ʍ w)						ɰ w		

母音

	前舌	中舌	後舌
狭(高)	i y — ɨ ʉ — ɯ u
半狭(半高)	e ø — ɘ ɵ — ɤ o
半広(半低)	ɛ œ — ɜ ɞ — ʌ ɔ
広(低)	a ɶ — ɐ — ɑ ɒ

図 6-5: 国際音声記号（一部）

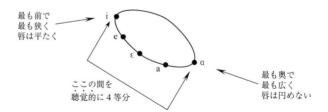

最も前で
最も狭く
唇は平たく

ここの間を
聴覚的に4等分

最も奥で
最も広く
唇は円めない

図 6-6: 基本母音 [i, e, ɛ, a, ɑ]

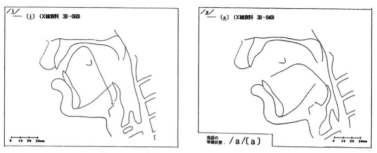

図 6-7: 日本語のイ・アの舌の位置・形状[4]

と［ɑ］の間が聞いた感じで4等分されるように舌の位置をずらしていき途中の3つの位置の音を［e, ɛ, a］とします。これが No. 1［i］から No. 5［ɑ］までの音となります（前ページの図6–6参照）。Nos. 1, 5 は調音的に定められますが，Nos. 2, 3, 4 は聴覚的／音響的に定められることになります。このようなアーモンド型では表記しづらいので，図6–5 のような底辺が短い台形にして示します。

基本母音

		No. 17 [ɨ] [ʉ] No. 18	
No. 1 [i] •	◦ [u] No. 8	No. 9 [y] ◦	• ◦ • [ɯ] No. 16
No. 2 [e] •	◦ [o] No. 7	No. 10 [ø] ◦	• [ɤ] No. 15
No. 3 [ɛ] •	◦ [ɔ] No. 6	No. 11 [œ] ◦	• [ʌ] No. 14
No. 4 [a] •	• [ɑ] No. 5	No. 12 [ɶ] ◦	◦ [ɒ] No. 13
第一次基本母音	（• 非円唇　◦ 円唇）	第二次基本母音	

Nos. 6, 7, 8 の［ɔ, o, u］は舌の後ろの方がせり上がって発音される母音です。［u］が一番狭く，［u］と［ɑ］の間が聞いた感じで3等分になるように分割し，［ɑ］に近い方を［ɔ］，［u］に近い方を［o］とします。Nos. 1–5 では唇の円めはありませんが，Nos. 6–8 は唇の円めを伴います。唇の円めのない母音を「非円唇母音」，ある母音を「円唇母音」と呼びます。

　以上が第一次基本母音（primary cardinal vowels）ですが，これらの母音の唇の円めの有無を入れ替えたものに中舌狭母音の Nos. 17, 18［ɨ, ʉ］を加えたものが第二次基本母音（secondary cardinal vowels）です。No. 9［y］は No. 1［i］の舌の位置で唇を円めて出す音です。Nos. 9–13, 18［y, ø, œ, ɶ, ɒ, ʉ］が円唇母音，Nos. 14–17［ʌ, ɤ, ɯ, ɨ］が非円唇母音になります。

　基本母音は機械的に定めた基準で，特定の言語の母音を基にしたものではありません。特定の言語の母音はこの基本母音を基に記述し，表記する際には近い記号を用い，必要に応じて補助記号を付けて表します。

---

[4]　p. 97 に示した国立国語研究所（1990）の図から［i, a］に該当する部分を抜粋。

3.　簡略表記と精密表記，音声と音素

　No. 1 [i] と No. 4 [a] の間には物理的な区切れはなく，連続的に無限の
音が存在しますが，人はその違いを明確に安定して言い分けることも聞き
分けることもできないので，そのような母音の使い分けをする言語はなく，
言語ごとに見ると区別して用いられる母音の種類の数は限られます。無限
の音に対して記号を割り振ることはできませんが，上で見たように IPA で
はいくつかの記号を用意し，それに近い音をその記号で表します。基本母
音の [i] は（理屈上は）1つですが，具体的な言語の母音の記述では [i] はあ
る範囲の音を表しており，同じ [i] で表されていても，実際の音は言語に
より異なる可能性があります。IPA でおおよその発音はわかっても，正確
にどんな音なのかは実際に発音を聞いてみないとわかりません。発音記号
を使うのが英語の発音を表記する時だけだと，例えば [ʌ] は自分が知って
いる cut などの母音そのものを表す記号だと捉えてしまいがちですが，他
のことも考慮に入れたうえで [ʌ] が表しうる範囲にある音ということでこ
の記号が用いられており，同じ音に他の記号を用いることもあります。ま
た，他の言語の表記に用いられた [ʌ] が表す音は cut の母音とはずいぶん
と違う音であるかもしれません。

　通常のローマ字表記に比べ IPA を使うとはるかに細かく音を区別して記
述することができますが，どの程度精密に表記するかは，目的等にもより
ます。程度の問題ではありますが，細かい違いも含めて表記したものを「精
密表記」（narrow transcription），簡略化した表記を「簡略表記」（broad tran-
scription）と呼びます。

　何を表記し分けるか，どこまで細かく表記するかにはその言語の音素
（phoneme）も関わってきます。音素は，ある言語で語と語を区別する機能
（意味の違いを生じさせる働き）を持つ音の最小単位のことです。音声学的に
区別できる音で，その言語で同じ音と見なせるグループは音素として扱わ
れ，個々の音は「異音」（allophone）と呼ばれます。音声表記は [　] で，音
素表記は /　/ で括って表します。

　何を「同じ音」と見なすかは言語によって異なります。例えば韓国語で

は [p] と [b] の違いで語が区別されることはなく, 発音は有声音に挟まれ
ると [b], それ以外では [p] となりますが, その一方で, [p] と強い息の
付く [pʰ] は区別され, [pɐl] (발「足」) と [pʰɐl] (팔「腕」) は別の語になり
ます。日本語では「パス」([pɐsɯ]) と「バス」([bɐsɯ]) は先頭の [p, b]
の違い (無声か有声か) で区別されますが, [pɐsɯ] の [p] を [pʰ] に置き換
え [pʰɐsɯ] と発音しても別の語にならず, [p] と [pʰ] は別の音として扱
われません。日本語では [p] と [b] は異なる音素 /p/, /b/ に属し, [pʰ] は
[p] と同じ音素 /p/ の異音ということになります。

　次の 3 つの表記は木村・小林 (2010)「IPA (国際音声記号) の基礎：言語
学・音声学を学んでいない人のために」に掲載されているものですが, 1
は補助記号も使い精密に音声表記したもの, 2 は簡略表記, 3 は音素表記
したものです。

　あらゆる現実をすべて自分の方へねじ曲げたのだ。

1. [ɐɾejɨɾigẽ̞n̪d͡zitsi̥ʔ sib̪e̞te̞t̠ɕib̞ɯn̪ːɔhɔːɛʔ n̪ẽ̞ɛ̠z̠iːm̞ɐʋɣe̞tɐ̃n̪õ̞o̞d̪ã]
2. [arajɯrɯgen̪d͡ʑitsɯo sɯbeted̠ʑibɯn̪ːohoːe n̪eʑimaɣetanoda]
3. /arajurugeNzituosubetezibuNnohoReNezimagetanoda/

　　1. 音声表記 (精密)　　2. 音声表記 (簡略)　　3. 音素表記

(cf. 木村・小林 (2010), p. 182)

音声表記の 1 と 2 には IPA が使われています。3 は音素表記です。音素は
言語により異なるので, 音声表記に使われる国際音声記号のようなものは
ありませんが, 便宜的に代表的な異音を表す IPA の記号 (またはローマ字)
に近いものが使用されます。対象言語 (この場合日本語) の発音が身に付い
ていれば, 音声を再現するのには 3 の音素表記で十分で, 1 の精密表記は
もちろん, 2 の簡略表記も使用せずに済ませられることは多いでしょう。

　英和辞典には発音表記に [　] ではなく /　/ を使っているものが多いで
すが, これは音声表記というより音素表記に近いものであるとの考えから
でしょう。/　/ を使っていても, 同じ音素の異音でも学習上有益であれば
表記し分けるなど, 純粋な音素表示にはなっていません。音素としては区
別する必要はなくてもアメリカ英語とイギリス英語のように方言間での違

いがわかりやすくなるように異なる記号を用いることもあります。

　次は発音表記の例ですが，表記が違っても異なる発音を示しているとは限りません。

bay	bed	bear	bow	boy	bore
[bei]	[bed]	[beər]	[bou]	[boi]	[boːr]
[beɪ]	[bɛd]	[bɛər]	[boʊ]	[bɔɪ]	[bɔːr]
		[bɛɚ]	[bəʊ]		[bɔɚ]
		[bɛɹ]			[bɔɹ]

同一辞書内で（かつアメリカ英語の発音など同じ方言で）表記が異なる場合は発音の違いを表している可能性が高いのですが，辞書間での違いは表記法の違いで発音の違いを表してはいないことが多いでしょう。それぞれの記号がどういう発音を表しているのかは，各辞書の説明で確認する必要があります。

4.　記号の説明

　上記の話を踏まえ，英和辞典，英英辞典で使われるものを中心に，個々の記号について見ていきましょう。なお，以下では発音（を表す記号）は / / ではなく [ ] で示します。記号そのもの，字形を問題にする時は < > で囲って示します。

4.1　長音符（length marks）

　<ː> は前の音が長く発音されることを示します。<ː> ほどの長さではない半長には <ˑ> が用いられますが，区別が不要なら一方のみが使われます。<ː> の前の音が母音であれば長母音（e.g. [aː]），子音であれば長子音（e.g. [nː]）となります。「長子音」という言葉は馴染みがないかもしれませんが，日本語でも普通に使っているものです。同じ速さで「粉 (kona)」「こんな (konna)」と発音してみると，kona の n より konna の nn の方が長く発音されている（舌が歯茎に接している時間が長い）ことがわかります。発音記号で

表すと [kona] と [koːna] になります。「作家 (sakka)」でも長子音が用いら
れています。「坂 (saka)」では k のところで舌の奥の方で呼気を止め，その
後破裂させますが，「作家 (sakka)」では止めてから破裂させるまでの間が
長くなっています。ローマ字では kk と書きますが，止めて破裂させるこ
とを 2 回繰り返しているわけではありません。「坂」と「作家」は発音表
記するとそれぞれ [saka], [sakːa] となります。

　bookkeeper をゆっくり発音すると，kk のところでは [k] を 2 回発音し
ますが，通常の発音では 1 つ目の [k] は止めるだけで破裂させずに次の [k]
に移ります ([bʊkˈkiːpɚ]，<k> に付いている <˺> は止めるだけで破裂させないこ
とを示す記号)。この場合，子音 2 つ分ですが，閉鎖と解放はそれぞれ 1 つ
ずつになり，[kː] と同じになります。このように長い子音も連続した子音
も同じ発音になってしまうことがあります。1 つの長い子音か，2 つの子
音の連続かは，区別するとすれば，今見たこととは別の観点から考えるこ
とになります。

　なお，sit, seat などの母音の違いは音質の違いで音の長さではないと考
え，<ː> は使用しない辞書もあります。例えば *Oxford Advanced American
Dictionary* の母音表記は次のようになっています。

i	see	/si/	eɪ	say	/seɪ/
ɪ	sit	/sɪt/	aɪ	five	/faɪv/
ɛ	ten	/tɛn/	ɔɪ	boy	/bɔɪ/
æ	cat	/kæt/	aʊ	now	/naʊ/
ɑ	hot	/hɑt/	oʊ	go	/goʊ/
ɔ	saw	/sɔ/	ɚ	bird	/bɚd/
ʊ	put	/pʊt/	ɪr	near	/nɪr/
u	too	/tu/	ɛr	hair	/hɛr/
ʌ	cup	/kʌp/	ɑr	car	/kɑr/
ə	about	/əˈbaʊt/	ɔr	north	/nɔrθ/
			ʊr	tour	/tʊr/

[http://www.oxfordlearnersdictionaries.com/about/pronunciation_american_english]

この辞書では sit, seat の発音表記は [sɪt], [sit] となり，<ː> は用いません

（後述の ［i, ɪ］ の説明も参照のこと）[5]。

<ː> は長音符ですが，日本語の表記と英語の表記で同じものを表すと思うと誤解が生じるので注意が必要です。日本語では，どの母音でも短母音「あ，い，う，え，お」と長母音「あー，いー，うー，えー，おー」があり，短母音間，長母音間では長さは同じですが，英語では母音によって長さが違います。次の表6–1，図6–8は母音による長さの違いを示したものです。

	A	B		C	D	
heed	［hid］	［hiːd］	i（iː）	261	209	C　Liu et al.（2014）
hid	［hɪd］	［hɪd］	ɪ	212	157	D　Yang & Fox（2014）
who'd	［hud］	［huːd］	u（uː）	267	226	
hood	［hʊd］	［hʊd］	ʊ	234	149	
had	［hæd］	［hæd］	æ	271	217	
head	［hɛd］	［hed］	ɛ	233	164	

表6–1: 母音の長さの比較（単位　4分の1秒）

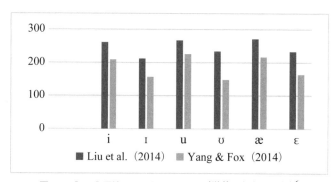

図6–8: ［h_d］環境での母音の持続時間（単位　千分の1秒）[6]

---

[5]　seat, cool の母音は長母音 ［iː, uː］ ではなく二重母音 ［ɪj, ʉw］ であるとする分析もあります。Lindsey（2019）によると，現在，イギリスで標準的となっている発音では二重母音で発音されることが多くなっており，辞書等で使われている表記 ［iː, uː］ と実際の発音がずれてきてしまっているそうです。

[6]　Liu et al.（2014）と Yang & Fox（2014）の数値に基づき山本淳史氏が作成した図に一部改変を加えたもの。

方言差，個人差などもあり，実際にはいろいろな長さになるので，これは一例です。A は <ː> を用いない表記，B は英和辞典でよく見る <ː> を用いた表記の例ですが，had［hæd］の母音［æ］の長さが長母音と言われる［iː, uː］と同じぐらいか，それよりも長いこともありうることがわかります。

　［iː］と［ɪ］，［uː］と［ʊ］を比べれば長音符が付いた前者の方が長いが，［iː, uː］と［æ］を比べると長音符のない後者の方が長い，ということも起きてしまうわけです。アメリカ英語では［æ］はかなり長く発音されることもあり，最近の辞書では［æː］や［æ(ː)］のように表記するものもあります。

　日本語では，「あ」は「あ」で，現れる位置で長さが大きく変わることはなく，また「あー」は「あ」の二拍分で長くなり，「あ」が「あー」より長くなることはありません。しかし，英語では同じ母音でも現れる位置で長さが変わります。例えば，無声音の前では母音は短くなります。次の図6–9は音声学者の Lindsey によるものですが，無声音［f］の前の leaf の母音は leave の 55% の長さになっています。save/safe, his/hiss, serve/surf でも有声音の［z, v］よりも無声音の［s, f］の前の方が短くなっています。

Lindsey "Why these English phonetic symbols are all WRONG" より
[https://www.youtube.com/watch?v=gtnlGH055TA]

図6–9: 有声子音・無声子音の前の母音の長さの比較

母音は無声音の前では短くなるため，leaf の "長母音"［iː］と live の "短母音"［ɪ］を比べると前者の方が短く発音されるということも起きます。

　このように英語の発音表記に用いられる長音符 <ː> を日本語の発音表記における長音符，仮名表記の音引き「ー」と同じようなものと捉えていると誤解が生じるので注意が必要です。

4.2　強勢（stress）

　日本語のアクセントは高低によるピッチアクセントですが，英語は強弱によるストレスアクセント（強勢アクセント，強弱アクセント）です。強勢は

<'><ˌ> を該当する音節の直前に置いて表し，それぞれ第1強勢，第2強勢となります。多くの英和辞典ではこれらの記号の代わりに <´> (acute accent) と <`> (grave accent) を母音の記号に付けて表しています[7]。

例　account　　　[əˈkaʊnt]　　　　[əkáʊnt]
　　accumulate　[əˈkjuːmjʊˌleɪt]　[əkjúːmjʊlèɪt]

英語では bottle, prism, prison のように [l, m, n] が核となり音節が形成されることがありますが，この音節に強勢が来ることは少なく，母音字に付ける <´><`> 式でも不都合はほとんど生じません[8]。

4.3　母音 (vowels)

　日本語では，一番大きく口を開いた母音は「ア」1つですが，母音の図では [ɐ] が近い音です。日本語には [a, ɐ] の区別があるわけではないので

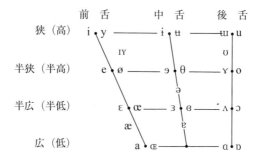

図6-10: 母音の記号 (図6–5 の一部)

普通は <a> を使って表記します。「ア」より舌を前寄りにしたのが [a]，後ろよりに奥の方で発音するのが [ɑ] です。[ɑ] は英語辞典では [ɑ, ɑː, ɑr, ɑɚ] のように使われています。二重母音では前舌か後舌かを重視し [aɪ, aʊ] のように表記し分けることもありますが，区別せずに <a> か <ɑ> の一方を用いることもあります。

---

[7]　IPA では <´><`> は声調言語 (tone language) の声調を示すために用いられ，強勢の表示には用いられません。

[8]　英和辞典における <´><`> 使用の歴史的な経緯については長瀬・久保 (2022: 36) を参照。

　　[a]　eye [aɪ], cow [kaʊ]

　　[ɑ]　eye [ɑɪ], cow [kɑʊ]
　　　　　hot [米 hɑt], father [米 fάːðɚ], part [米 pɑrt, pɑɚt, 英 pɑːt]

hot, bother などの母音は長く発音されるため，[ɑː] と表記する辞書も増え
ています。このやり方では hop の米音も harp の英音も [hɑːp] と表記され
ることになります。

　[æ] は「エ」（[ɛ]，後述）より広く [a] より狭い母音で，英語の sad, man
などの母音の表記に使われます。この [æ] も長く発音されるため，[æː] と
表記する辞書もあります。

　非円唇音の [ɑ] の記号を 180 度回転させた形の [ɒ] は円唇音を表しま
す。hot の母音は英米で違いが大きいということで異なる記号が使われる
ことが多いのですが，[ɔ] ではなくこちらを使う辞典もあります。口の開
きが大きいので [ɔ] よりも [ɒ] の方が適切との考えによるものでしょう。
[ɑ] に対し，[ɔ] と [ɒ] はどちらも円唇音を表します。

　[i] の隣にある [y] は唇を円めて発音する音です。フランス語やドイツ
語で使われていますが，英語でも昔はこの音が使われており，y で書き表
していました[9]。

　[ɪ] は [i] よりも少し口の開きが広く，弛緩した音になります。英語の
seat と sit の母音は長さだけでなく音質が異なりますが，この違いを明確に
表す時には前者を [siːt]，後者を [sɪt] と表記します。音の長さに実質的な
違いはない，あるいは違いは付随的なものと捉え，長音符を用いずに [sit]
と [sɪt] で区別する辞書もあります。緊張音の [u] と弛緩音の [ʊ]（<ᴜ> を
用いる辞書もある）の違いも同様で，母音の音質を明示する時は pool [puːl]
と pull [pʊl] のように表記します。こちらも辞書によっては長音符を用い
ず [pul] と [pʊl] と表示しています[10]。（母音の長さについては上の 4.1 節の「長
音符」の説明も参照のこと。）

---

[9] 　のちに唇の円めがなくなり [i, ɪ] と合流したため，i と y が表す音に区別がなく
　　なりましたが，y の文字は廃用にならず，cry–cried, city–cities のような i と y の
　　綴り字上の使い分けが生じました。

[10] 　長母音 [iː, uː] の解釈と表記については注 5 も参照のこと。

　辞書によっては弱母音 [i, u] は開音節 (語末か母音が続く場合) に，[ɪ, ʊ] は閉音節 (子音が続く場合) に用い使い分けています。[ɪ, ʊ] は弱化して [ə] となり，さらに脱落する場合もあります。

開音節	trophy	[-fi]	react	[riǽkt]	radio	[réɪdiou]
閉音節	visit	[-ət]	relate	[rɪléɪt]
開音節		[u]	conduit	[kánduət]	actual	[ǽktʃuəl]
閉音節		[ʊ]	fabulous	[fǽbjʊləs]

　[i] は形態素末にも現れます。fortis の i は閉音節で弛緩音 [ɪ]，forty の y，fortieth の i は開音節で緊張音 [i] になります。forties の i は閉音節ですが，形態素末で緊張音の [i] になっています。

fortis	-tis	[tɪs]	閉音節で i は弛緩音 [ɪ]
forty	-ty	[ti]	開音節 (語末) で y は緊張音 [i]
fortieth	-tieth	[tiəθ]	開音節 (母音 [ə] の前) で i は緊張音 [i]
forties	-ties	[tiz]	閉音節だが形態素末で i は緊張音 [i]

<i> を使用しない表記では，この弱母音の緊張音も seat のような強母音も同じ [i] で表されます[11]。

　[e, ɛ] は口の開きの狭いエと広いエです。[o, ɔ] の違いも口の開きの違いです。英語ではこれらの母音の違いで単語が区別されることはなく，どちらになるかは環境で自動的に決まるので，区別せずに <e, o> で表記することも，<ɛ, ɔ> も用い書き分けることもあります。

---

[11] 『コンパスローズ英和辞典』(CR)，*OED*，*Merriam-Webster* (MW) の発音表記の比較。

	CR	OED		MW
		Brit.	U.S.	
seat	siːt	siːt	sit	ˈsēt
forty	fɔ́ɚti	ˈfɔːti	ˈfɔrdi	ˈfȯr-tē
radio	réɪdiou	ˈreɪdɪəʊ	ˈreɪdiou	ˈrā-dē-ˌō

OED の米音 (U.S.) と MW では当該の母音に同じ記号 <i>, <ē> が当てられています。

bay [bei]–bed [bed]　　boy [boi]–bore [boːr]
bay [beɪ]–bed [bɛd]　　boy [bɔɪ]–bore [bɔːr]

　[ʌ] は IPA では [ɔ] に対応する非円唇音ですが，英語辞書の発音表記
では [ə, ɜ, ɐ] に近い中よりの発音を表すのに使用されています[12]。辞書
によっては <ʌ> ではなく <ə> で表記しています。日本語の「ア」([ɐ]) に
近い音なので，「ア」のつもりで発音してもコミュニケーション上特に問題
はありません。[bʌt] と表記されることの多い but も，実際の母音はアメ
リカ英語では口の開きが大きく，[ɜ] を使って表されることもあります
([bɜt])。

　台形の真ん中に位置する [ə] には名前があり「シュワー」(schwa [ʃwɑː])
と呼ばれます。英語では母音が弱化すると曖昧なこの音になりますが，こ
の [ə] でそれらの音を表すのに使われるため，かなり広い範囲の音をカ
バーすることになります。

　なお，英語ではこの記号で強勢のない曖昧母音を表しますが，この記号
自体が弱母音の意味を持っているわけではありません。burden [bə́ːrdən]
のように強勢がある母音にも用いられ，button [bʌ́tən]の代わりに [bə́tən]
と表記することも可能です。実際，[ʌ] ではなく [ə́] を用いる辞書もあり，
弱母音との違いは強勢記号の有無で区別されます。なお，*OED* の button
の発音表記は，英音が ['bʌtn]，米音が ['bətn] となっています。

　円唇音の [u] に対し，唇を円めず平たい状態で発音するのが [ɯ] です。
韓国語では [u] と [ɯ] は別の音として区別されます（別の音素の音）。日本
語の「ウ」は普通の発音ではあまり唇を円められずこの記号で表すことも

---

[12]　Lindsey (2019) によるとイギリスでは [ʌ] の調音位置は以前よりも後ろに移動
　　しているそうです。

　　The vowel of STRUT has long been pronounced in a variety of ways. In earlier
　　RP, it was quite central: the nineteenth century phonetician Henry Sweet used
　　the symbol **a** for it. Generally speaking, a more back quality is now more com-
　　mon. In other words, the symbol /ʌ/ which Gimson chose is, if anything, now
　　more accurate than it was. (p. 20)

できる音ですが[13]，唇を円めた [u] で発音されることもあります[14]。どちらで発音されてもそれで違う語になることはありません。

　同じ発音を表すのに辞書によって異なる表記が用いられることがあります。次のページの表6–2は研究社『コンパスローズ英和辞典』(CR)，大修館書店『ジーニアス英和辞典』(第6版) (G)，*Oxford Advanced American Dictionary* (OAAD)[15] (<y> は IPA の [j] にあたる) の母音表記の違いを示したものです。自分の辞書の表記も書き込み相違点を確認しましょう。

　辞書により様々な表記が用いられていますが，Wikipedia には子音と母音の表記を比較した表があります。こちらも見てみるといいでしょう。

https://en.wikipedia.org/wiki/Pronunciation_respelling_for_English#Traditional_respelling_systems

4.4　子音 (**consonants**)

　次に子音を表す記号について確認しましょう。114ページの表6–3でp bのように2つ並んでいるものは左が無声音で右が有声音です。[p] は調音位置によると「両唇音」に分類され，調音様式では「破裂音」で，欄の左側に配置されているので「無声音」，合わせて「無声両唇破裂音」となります。

---

[13] 　[s, z] の後で前寄りになり [ɯ] よりも [i] で表記する方が適切な音になることもあります。

[14] 　写真を撮る時に「はい，チーズ」ということがありますが，これは英語の "Say cheese." が元になっています。写真を撮られる方は "Cheese." と言っているところが写真に写るわけですが，[tʃiːz] は1音節，1拍の語なので，唇が平たく笑顔のように見える [iː(z)] の箇所で写ることになります。しかし日本語では事情が異なります。普通「チーズ」は [tʃiː(d)zɯ] と発音されますが，写真を撮る時に言う「チーズ」は [tʃiːdzɯ] と発音されることが多く，また写真が撮られるのが [u] の箇所で，結果として唇を円めたひょっとこのような口の形で写真に写ることになります。このような事情から「1+1は？　2」「キムチ」のように最後が [i] になる表現が用いられることも少なくありません。

[15] 　https://www.oxfordlearnersdictionaries.com/definition/american_english/

CR	G	OAAD	辞書 1	2	例
iː	iː	iː	_____	_____	*ea*st
i	i	i	_____	_____	happ*y* rad*i*o
ɪ	ɪ	ɪ	_____	_____	*i*nk
ɪ	ə|ɪ	ɪ	_____	_____	pock*e*t
e	e	ɛ	_____	_____	*e*nd
æ	æ	æ	_____	_____	h*a*nd
æ|ɑː	æ|ɑː	æ	_____	_____	*a*sk
ɑː	ɑː	ɑ	_____	_____	f*a*ther
ɑ(ː)|ɔ	ɑ|ɒ	ɑ	_____	_____	t*o*p
ɔː	ɔː, 米 +ɑː	ɔ	_____	_____	*a*ll
ɔː|ɔ	ɔː, ɑː|ɒ	ɔ	_____	_____	cl*o*th
uː	uː	u	_____	_____	f*oo*d
ʊ	ə|u	ə	_____	_____	ed*u*cate
ʊ	ʊ	ʊ	_____	_____	b*oo*k
ʌ	ʌ	ʌ	_____	_____	r*u*n
ə	ə	ə	_____	_____	*a*bout lem*o*n
ɚː|əː	əːr	ər	_____	_____	b*ir*d
ɚ|ə	ər	ər	_____	_____	teach*er*
eɪ	eɪ	eɪ	_____	_____	d*a*te
aɪ	aɪ	aɪ	_____	_____	*i*ce
ɔɪ	ɔɪ	ɔɪ	_____	_____	t*oy*
aʊ	aʊ	aʊ	_____	_____	*ou*t
oʊ	oʊ	oʊ	_____	_____	g*o*
juː	juː	yu	_____	_____	c*u*te
ju	ju, 米 +jə	yu	_____	_____	man*ua*l
jʊ	jə	yə	_____	_____	pop*u*lar
ɪɚ|ɪə	ɪər	ɪr	_____	_____	*ear*
eɚ|eə	eər	ɛr	_____	_____	h*air*
ɑɚ|ɑː	ɑːr	ɑr	_____	_____	*ar*m
ɔɚ|ɔː	ɔːr	ɔr	_____	_____	st*ore*
ʊɚ|ʊə	ʊər, 英 +ɔː	ʊr	_____	_____	t*our*
aɪɚ|aɪə	aɪər	aɪər	_____	_____	f*ire*
aʊɚ|aʊə	aʊər	aʊər	_____	_____	h*our*

表 6-2: 辞書による表記の違い

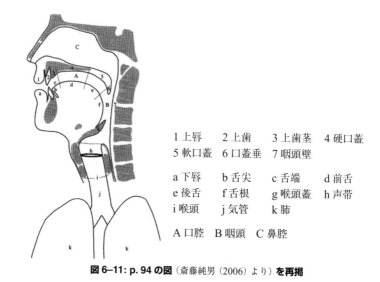

1 上唇　　　2 上歯　　　3 上歯茎　　4 硬口蓋
5 軟口蓋　　6 口蓋垂　　7 咽頭壁

a 下唇　　　b 舌尖　　　c 舌端　　　d 前舌
e 後舌　　　f 舌根　　　g 喉頭蓋　　h 声帯
i 喉頭　　　j 気管　　　k 肺

A 口腔　　B 咽頭　　C 鼻腔

図 6-11: p. 94 の図（斎藤純男（2006）より）**を再掲**

	両唇音	唇歯音	歯音	歯茎音	後部歯茎音	硬口蓋音	軟口蓋音	口蓋垂音	声門音
鼻　音	m	ɱ		n		ɲ	ŋ	N	
破裂音	p b			t d		c ɟ	k g	q ɢ	ʔ
摩擦音	ɸ β	f v	θ ð	s z	ʃ ʒ	ç ʝ	x ɣ	χ ʁ	h ɦ
破擦音				ts dz	tʃ dʒ				
ふるえ音				r				R	
弾き音				ɾ					
側面接近音				l					
接近音				ɹ		j			
両唇軟口蓋接近音	(ʍ w)						ʍ w		

表 6-3: 子音（一部）（図 6-5 の一部）

・鼻音：m ɱ n ɲ ŋ N

　鼻音は口蓋帆から唇までのどこかで閉鎖を作り，肺からの気流を鼻腔に抜いて出す音です。鼻音は有声音が基本で，無声音は [m̥] のように無声化の補助記号 <◌̥> を付けて表します。鼻音のように有声音が基本の音は「両唇鼻音」のように「有声」は付けずに呼ぶのが普通です[16]。

---

[16]　逆に，声門破裂音 [ʔ] は無声音でそれに対応する有声音はなく区別の必要はないため，「無声」は付けずに呼ばれます。

　同じく鼻腔から気流が出る音と言っても，どこで閉鎖を作るかで音の感じがずいぶんと変わります。

　[m] は両唇鼻音で，両唇を閉じて息を鼻に抜く音です。

　[ɱ] は [f, v] と同じように上の歯を舌の唇に当てて出す鼻音です。英語では emphasis [émɱfəsɪs], triumph [tráɪʌɱf] のように後ろに [f] が続く時にこの発音が現れますが，[m] と [ɱ] の違いで異なる語となることはなく，[f] の前で自然と [m] が [ɱ] で発音されるので，英語の辞書ではこの記号は使われません。

　[n] は歯から後部歯茎までの調音点をカバーする記号です。舌の方も舌尖 (上の図の b) の場合も舌端 (図の c) を用いることもあります。細かい違いを表す時は，補助記号を付け，歯音 [n̪]，舌尖音 [n̺]，舌端音 [n̻] のように示しますが，英語や日本語でこれらの違いで音が区別されることはなく，また，前後の音によって自動的に発音の仕方も決まるので，辞書や語学書などでは補助記号は付けずに単に [n] と書かれます。

　[ɲ] は硬口蓋鼻音で，フランス語などで gn で綴られる音です。英語にはない音なので，外来語，人名に含まれる場合，[n] や [nj] に置き換えて発音されます (例. 仏 cognac [kóʊnjæk], Montaigne [mɑːntéɪn], 伊 gnocchi [nɑ́ːki, njɑ́ːki], lasagne [ləzɑ́ːnjə])。

　[ŋ] は軟口蓋鼻音で [k, g] と同じ位置を塞いで出す音です。think [θɪŋk], angry [ǽŋgri] など，[k, g] の前の n はこの音になります。sing [sɪŋ] のように語末の ng は [ŋ] と発音されます。sing に -er が付いた singer の発音は [síŋɚ] (ng [ŋ]) ですが，finger, hunger, anger のように接辞ではない -er を含む nger の発音は [ŋgɚ] (n [ŋ] + g [g]) となります。ただし，young, long, strong については例外で，-er が付いた -nger は [ŋgɚ] になります。最上級の -est が付く場合も同様で [ŋgɪst] になります。使用されるのは稀ですが，wronger, wrongest の ng は [ŋ] です。first-stringer, left-winger のように名詞に -er が付く場合も [ŋ] となります。

　[N] は口蓋垂鼻音です。日本語で「本 (hon)」と発音する時の n の発音の 1 つがこれになります ([hoN])。

・破裂音：p b t d k g q ɢ ʔ

　肺からの呼気を声帯から唇までのどこかで止めて，一気に放出する（破裂させる）ことで作る音です。「破裂音」はこの破裂させるところに着目した名称ですが，破裂するところではなく，その前の気流を止めるところに焦点を当てる場合には「閉鎖音」と呼ばれます。「破裂音」と言っても，破裂がなく閉鎖だけしかない場合もあります。閉鎖を作るところを「内破」，破裂させるところを「外破」と呼びます。外破がなく内破のみであることは補助記号を使い [t˺, k˺] のように表します。hatpin はゆっくり発音すれば [t] を破裂させても，通常の速さでは [t] は止めるだけで破裂させないことが多くなります（[hæt˺pin]）。英語では外破の有無で音が区別されることはないので，辞書の発音表記では <˺> の記号は用いられません。

　[t, d] は [n] と同様に広い範囲の調音の位置，舌の部位による発音を表し，必要があれば補助記号を付け，歯音 [t̪, d̪]，舌尖音 [t̺, d̺]，舌端音 [t̻, d̻] のように表すことはできますが，単に [t, d] で表されることがほとんどです。little, middle のように [l] の前で舌の先が歯茎に接したまま舌の両脇を破裂させて発音されることもありますが，それにより別の音とはならないため，辞書では区別した表記は行われていません。

　口蓋垂破裂音 [q, ɢ] は [k, g] よりも奥で出す音です。カ行，ガ行の子音がこれで発音されることもありますが，日本語では [k, g] との区別はないため，[k, g] で表記して済ませられることが多いでしょう。

　IPA の表には <ɡ> が掲載されていますが，字形の異なる <g> は異なる音を表す記号として使用されていないため，<ɡ> の代わりに <g> が使用されることもあります。

　なお，cat, kiss, quit の語頭音はすべて [k] です。アルファベットの c, k, q と発音記号の [c, k, q] の間で混乱する人もいるようなので気を付けましょう。[k] の発音は後続する音の影響で変わり，その違いを c, k, q の文字が表す音の違いと誤解する人もいるようですが，cat, kiss, quit の語頭の子音はすべて同じ [k] で表される音です。

　[ʔ] は咳をする時のように閉じた声帯を急に解放して出す音で，「声門破裂音」と呼ばれます。「あっ」と言う時の「っ」のところの止めた感じは声

門のところで空気の流れを止めることで生じるものです。英語では football,
partner の t のところを [ʔ] と発音したりすることもありますが，異音とし
て現れても独立の音素ではないため辞書では使われません。

　定冠詞の the は母音の前では [ði]（下の(a)），子音の前では [ðə] と発音
するのが標準とされますが，母音の前でも [ðə] を用いる話者もいます（下
の(c)）。特に母音の前に [ʔ] が入ると子音の前になり [ðə] が用いられやす
くなります（下の(b)）。

the end　(a)　[ðiend]　　母音 [e] の前で [ði]

　　　　　(b)　[ðəʔend]　子音 [ʔ] の前で [ðə]

　　　　　(c)　[ðəend]　　母音 [e] の前で [ðə]

[ʔ] は英語にも日本語にも独立の音素としては存在しないため，音声学の
訓練を受けていないと，[ʔend] と [end] の違いは認識されず，上の (b) の
ように発音していても，子音 [ʔ] ではなく母音 [e] の前で [ðə] と発音し
ていると認識することになったりします。

・摩擦音：ɸ β f v θ ð s z ʃ ʒ ç z̧ ç x χ h
　破裂音と違い完全に閉鎖するのではなく調音位置で狭めを作り，気流が
一定以上の速度で固体に沿って流れる時に生じる乱流により摩擦音を作り
出します。

　日本語の「ファイト」の語頭音は [ɸ] で表される音で両唇を使って発音
されますが，破裂音の [p] とは違い両唇を閉じずに狭めて乱流を生じさせ
て作る無声両唇摩擦音です。[β] はその有声音で，日本語のバ行音の子音
は母音間でこの音になることがあります。

　[f, v] は唇歯摩擦音で，下唇を上の歯に近付けて狭めを作り音を出しま
す。日本語にはない音なので，[f] を [ɸ]，[v] を [b] で発音してしまいが
ちなので注意が必要です。

　[θ, ð] は舌の先を上の前歯に近付けて出す摩擦音です。英語での音の印
象は [f, v] に近いところがあり，英語の three [θriː] を [friː] と聞き間違え
ることもあります。舌先の前歯への近付け方については，舌先を上の前歯

の後ろに近付けたり，上下の歯の間からのぞかせるように舌を出したりと，方言・個人による違いもあります。舌の先を上の歯の裏側に付ける場合でも自然と下の歯は舌の下側に触れ，その状態を「舌を噛む」と表現する人もいますが，文字通り噛んでいるわけではありません。なお，舌の先をしっかりと前に出す感覚を身に付けさせるため，また [f, v] にならないようにするために「舌の先を上の歯と下の歯で噛む（挟む）」ようにして発音するよう指導することがあります[17]。

[s, z] は舌尖または舌端を歯茎に近付けて出す摩擦音です。[s, z] は [n, t, d] と同様にカバーする範囲の広い記号です。違いを明確にする場合には補助記号を付けます。

---

[17] 次は Daniel Jones の *An Outline of English Phonetics* からの一節です（下線は大名）。

    696. The sound θ is articulated by <u>the tip of the tongue against the upper teeth,</u> the main part of the tongue being fairly flat […]; the air passage <u>between the tip of the tongue and the upper teeth</u> is narrow; […]. (p. 182)

    696 節は通常の英語の [θ] の発音について述べているところですが，"the tip of the tongue against the upper teeth", "between the tip of the tongue and the upper teeth" と説明され，下の歯への言及はありません。

    700. Many foreign people replace θ by f or by some variety of s. They may learn to acquire θ by starting with <u>an exaggerated form</u> of it, placing the tip of the tongue so that <u>it projects out between the upper and lower teeth</u>. When the tongue is in this position, they must blow so that a stream of air passes out between the tongue-tip and the edge of the upper teeth. The lower lip must be kept out of the way when practising this exercise. The quality of sound produced in this manner is <u>about the same as that of the ordinary English θ</u>. When the learner has become familiar with the sound formed in <u>this exaggerated way,</u> he can soon learn to <u>modify the articulation</u> and articulate with the tongue in the normal English position shown in Fig. 91. (p. 183)

    700 節は学習者への指導についての話です。[θ] を習得させる方法として，舌先を上の歯と下の歯から突き出した（"it projects out between the upper and lower teeth"）誇張した形で発音させる指導法が述べられています。この状態で発音すると，舌が前に出て [s] とは違う音，また，上の歯が下唇に触れることがないので [f] の音にもならず，普通に発音された [θ] と同じような音（"about the same as that of the ordinary English θ"）を作り出すことができ，発音に慣れたら通常の発音の仕方に修正することになります。

英語では有声歯茎音の摩擦音 [z] と次に説明する破擦音 [dz] は異なる音で，その違いにより語が区別されますが (e.g. cars vs. cards)，日本語のザ行の子音では摩擦音と破擦音の区別がないため，聞き分け・発音の仕分けに練習が必要かもしれません。

[ʃ] は英語の ship, fish などに見られる音です。[ʒ] はその有声音で，英語では vision, pleasure, mirage のように主に語中，語末で用いられますが，genre のように語頭に現れることもあります。

日本語の「シャ」の子音を [ʃ] で表すことがありますが，円唇を伴う英語の [ʃ] とは少し違う音で，区別して表す時は (表6–3には挙げませんでしたが) [ɕ] の記号が用いられます。[ʑ] は [ɕ] の有声音です。日本語の「ヒ」は次に見る [çi] ですが，[çi] と [ɕi] は結構近く，日本語の方言によっては入れ替えが生じたり，同じ発音になったりします。

[ç, x] はドイツ語で用いられますが，英語でも昔は用いられていた音で，night, thought, laugh の gh はこの音を表していました。英語史を学ぶと出てきます。

[h] は無声声門摩擦音です。英語の [h]，日本語の「ハ」などの子音はこの記号で表記されますが，純粋に声門部分での摩擦だけでなく，他の箇所での摩擦を含んだ音になっていることはよくあります。後続の母音と同じ口の構えで発音されるため，どこでどのように摩擦音が生じるかは後続母音に影響を受けます。[h] よりも軟口蓋音 [x] や口蓋垂音 [χ] に近い音で発音されていることもあります。

・破擦音：ts dz tʃ dʒ tr dr

破擦音は一度完全に閉鎖を作るという点では破裂音と同じですが，止めた気流を一気に解放するのではなく，緩やかに解放して出す音です。緩やかに解放する結果，破裂音の後に摩擦音が続くような音になります。破擦音は閉鎖と摩擦を表す記号を並べて表します。英語では catsuit のような複合語を除き単語内に [t] と [s] の連続は現れないため，単語の発音表記ではタイ記号は用いずに [ts] と書いても破擦音であることが明らかですが，1つの子音であることを明示するにはタイ記号を用い ⟨t͡s⟩，⟨t͡ʃ⟩ のように

表記します。

that stuff　　[ðæt stʌf]　破裂音 [t] と摩擦音 [s] の連続
that's tough　[ðæts tʌf]　破擦音 [ts]

タイ記号を用いず合字にして破擦音であることを示すこともあります。

文字の連続　ts　dz　tʃ　dʒ
合字　　　　ʦ　ʣ　ʧ　ʤ

英語の破擦音は [t, d] との組み合わせのみですが，[t, d] は続く摩擦音によって調音位置も変わります。eighth [eɪtθ] のように [t] に [θ] が続き破擦音になることもあります。

	歯音	歯茎音	後部歯茎音
破裂音		t　d	
摩擦音	θ　ð	s　z	ʃ　ʒ
破擦音		ts　dz	tʃ　dʒ
接近音		ɹ	

表 6–4: 英語の破擦音に関わる子音

英語では cars [z]—cards [dz] のように摩擦音か破擦音かで単語が区別されますが，日本語では有声音の破擦音と対応する摩擦音は同じ音素の異音で区別しないので，英語の発音では気を付ける必要があります。

現代英語の標準的な発音では [tr, dr][18] も破擦音になります。この点をしっかり押さえておかないと，train を chain，drunk を junk と聞き間違えたりします。また，[t] と [r] を 1 つ 1 つ発音しようとして [t] の後に母音が入り，train [tréɪn] が terrain [təréɪn] に聞こえる発音になってしまったりします。

日本人にとって区別が難しい摩擦音と破擦音。次の表 6–5 の a は日本語の無声音の摩擦音と破擦音。これが一番発音し分けやすいので，まずこれ

18　red の語頭音の r は精密表記では [ɹ] で表記される音で，その前に [t, d] が来て摩擦音になり，tr, dr で破擦音になります。また [t] の後で [ɹ] は無声音化します。

で違いを確認し，bの有声音でも区別できるか，cの英語の摩擦音・破擦音でも区別できるか確認してから，一番難しいdの英語の有声音に進むといいでしょう。

a. 日本語の無声音

摩擦 ç	破擦 tç	破擦 ts	摩擦 s
ça	tça	tsa	sa
çi	tçi	tsi	si
çu	tçu	tsu	su
çe	tçe	tse	se
ço	tço	tso	so

b. 日本語の有声音

摩擦 ʑ	破擦 dʑ	破擦 dz	摩擦 z
ʑa	dʑa	dza	za
ʑi	dʑi	dzi	zi
ʑu	dʑu	dzu	zu
ʑe	dʑe	dze	ze
ʑo	dʑo	dzo	zo

c. 英語の無声音

摩擦 ʃ	破擦 tʃ	破擦 ts	摩擦 s
ʃa	tʃa	tsa	sa
ʃi	tʃi	tsi	si
ʃu	tʃu	tsu	su
ʃe	tʃe	tse	se
ʃo	tʃo	tso	so

d. 英語の有声音

摩擦 ʒ	破擦 dʒ	破擦 dz	摩擦 z
ʒa	dʒa	dza	za
ʒi	dʒi	dzi	zi
ʒu	dʒu	dzu	zu
ʒe	dʒe	dze	ze
ʒo	dʒo	dzo	zo

表 6–5: 摩擦音と破擦音の比較（母音は日本語のアイウエオ）

・ふるえ音：r ʀ

　うがいをするつもりで喉のところで「ガラガラガラ…」とすると口蓋垂が震えますが，この時の音が口蓋垂ふるえ音（顫動音）［ʀ］になります。同じように舌の先で「ルルルル…」と音を立てると歯茎ふるえ音の［r］になります。いわゆる巻き舌です。ふるえ音は基本的に有声音で，「有声」は付けずに呼びます。無声音は有声音の記号に無声化の補助記号 <˳> を付けて表します。現代の標準的な英語の発音では使用されませんが，昔の英語ではrはこの発音だった可能性があります。現代英語の right の語頭音は下で説明する接近音［ɹ］ですが，英語では［r］と［ɹ］の対立（区別）がないため，<ɹ> の代わりに <r> で接近音を表記するのが普通です。なお，IPA では特に必要がない限り普通のローマ字の記号を使うことが推奨されています。

・たたき音：ɾ

　[r] のように震わすのではなく一度だけ舌先を歯茎に付けてたたくと歯茎たたき音 [ɾ] になります。日本語のラ行音の子音の異音の1つがこの [ɾ] です。アメリカ英語では city, writer, rider, get it などの t, d がこの音になります。*OED* はこの音を [d] で，『研究社英和大辞典』（第6版）は [t, d] で表しています。

	butter	body
OED	ˈbədər	ˈbɑdi
研究社英和大辞典	bʌ́ṭɚ	bɑ́(ː)ḍi

・接近音：ɹ j ʍ w

　p. 100 の図6–5にある小さな母音の台形は子音の調音位置との対応を表しています（IPA の図にはないもの）。[a] から舌の位置を上げていき，さらに上げて気流の妨げができる前までが [i] で，それをさらに上げて後続の母音に滑らかに続けると接近音の [j] になります。同じように [u] を上に近づけると [w] になりますが[19]，これは意外かもしれません。試しに両唇を開いたままで動かさず [wa wa wa] と言おうとしてみると，[wa] ではないけれども単なる [a] とは異なる音が出，舌の奥の方が動いていることが観察できます。つまり [w] の音を発音する時は唇だけでなく舌の奥も使っているわけです。小さな台形の [u] の上に [ʍ w] が来ているのは，その関係を表しています。図6–5 (p. 100) と表6–3 (p. 114) では両唇音と軟口蓋音の2箇所に配置していますが，図6–4 (p. 99) の国際音声記号表では CONSONANTS (PULMONIC) ではなく OTHER SYMBOLS に掲載されています。

　[ʍ] は [w] の無声音にあたりますが，国際音声記号表では「無声両唇軟口蓋摩擦音」となっています。接近音は摩擦音よりも狭めの程度が小さく，有声ではこの程度の狭めでは乱流を生じませんが，気流の速い無声音では

---

[19]　[ja, wa] のように後続母音が広母音（舌の位置が低い母音）の場合，[j, w] の開始位置は [i, u] ではなく [e, o] ぐらいになることもあります。[i, e]，[u, o] あたりの方向からの移動であるというのが接近音 [j, w] の本質的な性質です。

同程度でも摩擦音が生じます。[j] に対する [ç] などでも同様のことが言えます。[ʍ] は英語の辞書では [hw] で表記していることが多いので意識していないかもしれませんが，what などの発音で使われる音です。

　what, when などの語頭音を表す記号として，<hw><(h)w><*hw*><ʍ> などが使われます。<(h)w><*hw*> はどちらも h が省略可能であることを表し，<hw> または <w> と解釈されます。<hw> は [h] と [w] の連続，または [ʍ] を表します。<hw> が [ʍ] を表していても，辞書にその説明がないことは少なくありません。[hw] と書かれている音が実際には [xʍ] と発音されていることもあります。

　[w] では両唇と軟口蓋の両方が接近しますが，英語と日本語では唇の円めに違いがあります。各言語内では唇の円めの有無による区別はなく，英語で日本語のように唇の円めを伴わずに [w] と発音しても別の音にはなりませんが，英語らしくない発音になり，また [u, ʊ] の前 (e.g. wound [wuːnd], wood [wʊd]) でしっかりと発音することが難しくなるので要注意です。

　英語の right の語頭の子音は，辞書などでは r で表すのが普通ですが，国際音声記号では歯茎接近音の [ɹ] に当たります。先に述べたように，try, dry などでは r は t, d と合わせ破擦音として発音されます。

・側面接近音：l
　側面接近音（側音）とは口腔内中心部で閉鎖，両側または片側で開放する音で，側面の通路が広く乱流は生じません。英語で使われるのは [l] のみです。英語の [l] には 2 種類あります。little の最初の l は次の l と比べると明るい感じで，2 つ目の l はウまたはオのように聞こえる暗い感じの音で，前者を「明るい L (clear L)」，後者を「暗い L (dark L)」と呼びます。後者の発音を明示的に示す時は [ɫ] を用います。

4.5　省略：括弧とイタリックと上付き文字

　英語の kick の発音は [kɪk] と表記でき，語頭と語末の子音は同じ記号 [k] で表せますが，まったく同じ発音というわけではありません。これら

の音の違いは，補助記号を加え，語末子音が解放（破裂）を伴う場合と伴わ
ない場合をそれぞれ [kʰɪk]，[kʰɪk̚] と表記し分けることもできます (p. 116
参照)。補助記号の [ʰ] は [k] が有気音であることを示しますが，[ʰ] がな
ければ気音はまったくないというわけではなく，あれば均質な気音の強さ
を表すわけでもありません。

ʰ	有気音	tʰ dʰ	ʷ	唇音化	tʷ dʷ
̚	内破音（無解放）	d̚	ʲ	硬口蓋音化	tʲ dʲ
̩	音節主音	n̩	ˠ	軟口蓋音化	tˠ dˠ

表 6–6: IPA の補助記号の例

dead [ded] の語頭と語末の子音も同じ記号 [d] で表せますが，通常語頭
の [d] は強く発音され，それに比べ語末の [d] は軽く発音されます。しか
しそのような違いは [d] という記号では表されません。[ded]，[ded] のよ
うに文字の大きさや書体を変えて違いを表したりはしません。軽く [ə] が
伴うことを [ᵊ] で表すことがありますが，[ə] と [ᵊ] の違いが程度の違い
を示すものと考えても，2 段階の違いになります。

　このように，補助記号も含め，記号それぞれは程度は表さず，同一の記
号が用いられても同じ発音とは限らず，記号により明示的に示されなくて
も音がまったく存在しないというわけでもありません。連続的な特性を持
つ音を非連続な記号で表す以上，必然的にこうなります。

　「省略可能」なものと扱われるものには，あるかないかというどちらか
(0/1) の場合と，0/1 ではなく段階性のあるものとがあります。psi [(p)saɪ]
ならば，[psaɪ] と [p] を発音するか，[saɪ] と [p] を発音しないかのどち
らかになりますが，これは 0/1 のケースです。「[psaɪ] または [saɪ]」を 1
つにまとめて「[(p)saɪ]」と表記したと考えることができます。同じように
考えると fiery [fáɪ(ə)ri] の [áɪ(ə)] は「[áɪə] または [áɪ]」となりますが，
[ə] で表される部分は 0/1 ではなく段階的でありえます。このように，「省
略可能」扱いのものにも，問題の音がある発音とない発音の 2 つがある場
合と，ある場合からない場合まで幅がある発音を表す場合とがあります。

　IPA では省略が可能なことは丸括弧 <（　）> を用いて表しますが，辞書

などではイタリックで省略可能なことが示されることがあります。上では
上付き文字で他の記号への追加情報が示されるケースについて見ましたが，
上付き文字で省略が表されることもあります（表6–7）。

	real	change	strength	eighth
括弧	ríː(ə)l	tʃeɪn(d)ʒ	streŋ(k)θ	eɪ(t)θ
イタリック	ríːəl	tʃeɪndʒ	streŋkθ	eɪθ
上付き	ríːᵊl	tʃeɪnᵈʒ	streŋᵏθ	eɪᵗθ

表 6–7: 省略の表示の仕方

　辞書では括弧，イタリック，上付き文字を使い分けて省略を表すことも
あります。例えば *Longman Pronunciation Dictionary* (LPD) ではイタリッ
クと上付き文字 (raised letters) が用いられています。イタリックは "may be
omitted" なものを，上付きは "may be inserted" を表すとされ，外国語とし
て英語を学ぶものに対し推奨する発音が，省略しない方の場合にイタリッ
ク，省略した方の場合に上付きを用いています。

	イタリック		上付き	
	lunch	bacon	fence	sadden
表記	lʌntʃ	ˈbeɪk ən	fenˢs	ˈsæd ᵊn
表す発音	lʌntʃ	ˈbeɪk ən	fens	ˈsæd n
（上が推奨される発音）	lʌnʃ	ˈbeɪk n	fents	ˈsæd ən

表 6–8: LPD の省略を表す表記法の比較

bacon と sadden の発音表記は [ˈbeɪk ən], [ˈsæd ᵊn] となっていますが，[ən,
n] 両方の発音があっても，推奨する方が [ən] なら [ən] (e.g. [ˈbeɪk ən]),
[n] なら [ᵊn] (e.g. [ˈsæd ᵊn]) と表記し分けられています。

　『ウィズダム英和辞典』（第4版）では，括弧は省略されることがあること
を示し，イタリックは米・英のいずれかでは省略される音を表します。例
えば strengthen [stréŋ(k)θ(ə)n] では括弧が使われているので，[k] と [ə]
は発音しない発音もあることを示しています。これは英米による違いはあ
りません。これに対し，car [kɑːr] なら <r> がイタリックなので [kɑːr] が
米音，[kɑː] が英音となります。

　辞書には書かれていないことが多いと思いますが，イタリックの <r> の

表記については少し補足の説明が必要です。『ウィズダム英和辞典』の <r> を使った折り畳んだ発音表記を展開し，『コンパスローズ英和辞典』のものと比べてみましょう (<|> の前が米音，後が英音)。

	car	occur
ウィズダム	kɑːr	əkə́ːr
展開した表記	kɑːr|kɑː	əkə́ːr|əkə́ː
コンパスローズ	kɑ́ɚ|kɑ́ː	əkɚ́ː|əkə́ː

表6-9: 辞書間の表記の比較

どちらの辞書の表記も同じ発音を表しているはずですが，1音節語に強勢記号を付けるかどうか以外にも表記の仕方に違いがあることがわかります。ar, ur の米音は [ɑr, ɑɚ]，[ər, ɚː] という表記でも表しうる音です。それらを [ɑːr, əːr] で表すことにするので，英米の発音をまとめ [ɑːr, əːr] と表記することが可能になるわけです。逆に考えると，このような折り畳んだ表記が可能になるように，米音を [ɑːr, əːr] で表すようにしているとも言えます。

　同様に，wh- の発音を [w, ʍ] で表すと1つに畳み込むことはできませんが，[w, hw] であれば [(h)w], [hw] と1つにまとめて表記することができるようになります。

5.　発音記号と類似した文字

　英和辞典では単語の発音表記に国際音声記号 (を改変したもの) が用いられることが多いのですが，基本的なラテン文字の小文字26文字のうち，英語の発音表記に使われるのは次の A の20字です。

A.　abdefhijklmnopstuvwz

B.　cqxy

C.　gr

B は IPA には含まれますが，英語の発音表記には用いられません。<x> はスコットランド方言の発音の表記に用いられることがあります (e.g. Loch Ness の Loch [lɑk, lɑx\|lɔx, lɔk])。C の <g> は <g> の代わりに用いられるこ

とがあり，red の r の発音は ［ɹ］ですが，＜ɹ＞ の代わりに ＜r＞ を使用する
のが普通です。

　以下，発音表記に用いられる文字とそれに類似した文字をいくつか取り
上げ，解説していきます。

　Unicode[20] の一覧表を見ると最初の方に次のブロックがありますが，英
和辞典で使われる発音記号はこの範囲に収まります。

1. 基本ラテン文字
2. ラテン 1 補助
3. ラテン文字拡張 A
4. ラテン文字拡張 B
5. 発音記号（IPA 拡張）
6. 前進を伴う修飾文字
7. ダイアクリティカルマーク（合成可能）
8. ギリシャ文字とコプト文字

以下，3～5 と 8 のブロック名を次のように略記します。

3. ラテン文字拡張 A　　　　→ 拡張 A
4. ラテン文字拡張 B　　　　→ 拡張 B
5. 発音記号（IPA 拡張）　　　→ 発音記号
8. ギリシャ文字とコプト文字　→ ギリシャ文字

　Unicode では文字 1 つ 1 つに名前（大文字で表記）が付けられており，1～
5 のブロックの文字の名前の先頭には "LATIN ... LETTER" が付きます。文字
の名前はすべて大文字で書くことになっていますが，通常の大文字で書く
とスペースを取るので以下ではスモールキャピタルで示します。

A　LATIN CAPITAL LETTER A
a　LATIN SMALL LETTER A

8 の「ギリシャ文字」の文字には "GREEK ... LETTER" が付きますが，5 の「発

---

[20]　文字コード，Unicode については第 7 章「文字コード」を参照。

音記号」の文字は，ALPHA, GAMMA のようにギリシャ文字の名前と同じもの
でも，"LATIN ... LETTER" が付けられ区別されます。

α   GREEK SMALL LETTER ALPHA

γ   GREEK SMALL LETTER GAMMA

ɑ   LATIN SMALL LETTER ALPHA

ɣ   LATIN SMALL LETTER GAMMA

6の「前進を伴う修飾文字」の文字の名前には先頭に "MODIFIER LETTER" が，
7の「ダイアクリティカルマーク（合成可能）」には "COMBINING" が付きます。

ˊ   MODIFIER LETTER ACUTE ACCENT

꞉   MODIFIER LETTER TRIANGULAR COLON

˞   MODIFIER LETTER RHOTIC HOOK

́   COMBINING ACUTE ACCENT

̈   COMBINING DIAERESIS

̊   COMBINING RING ABOVE

次の(1)は小文字の a とそれに似た文字です。

（1） a. a   LATIN SMALL LETTER A

　　　 b. ɑ   LATIN SMALL LETTER ALPHA

　　　 c. α   GREEK SMALL LETTER ALPHA

(1a)の <a> は，フォント，スタイルにより，(1b)の <ɑ> と同じように1
階建て (ɑ, a) だったり，2階建て (a, a) だったりしますが，発音記号とし
て使う時は，(1b)と区別するために，2階建てのものを使います。(1b)の
<ɑ> は「発音記号」で，(1c)の <α> は「ギリシャ文字」です。（代用を除
き）発音記号として用いられるのは前者です。

　発音記号としてよく見る a と e の合字 (ligature, リガチャー, 抱き字) の
<æ> は「発音記号」ではなく「ラテン1補助」のブロックにあります。

（2）   æ   LATIN SMALL LETTER AE

この文字は，イタリック <æ> では a の部分が 1 階建てになり，oe の合字のイタリック <œ>（拡張 A）と区別が付きにくくなるので要注意です。

　下に示した(3a)の <ð> は発音記号専用の文字のように思えるかもしれませんが，アイスランド語，フェロー語の表記で使われ，古英語でも使われていた文字です。「発音記号」ではなく「ラテン 1 補助」に収録されています。(3b)の <Ð> は <ð> の大文字です。英語での名称は eth, edh [eð] です。

（3）　a.　ð　LATIN SMALL LETTER ETH

　　　　b.　Ð　LATIN CAPITAL LETTER ETH

　　　　c.　đ　LATIN SMALL LETTER D WITH STROKE

　　　　d.　Đ　LATIN CAPITAL LETTER D WITH STROKE

(3a)の <ð> は元々 <d> に横棒を引いたものですが，(3c, d)の <đ, Đ> は「拡張 A」の別の文字です。タイプライターでは <d> と <-> の重ね打ちで <ð> を表すこともありました。<ð, đ> の大文字 <Ð, Đ> はフォントによっては同じ字形になり，見た目では区別が付かなくなります。

　発音記号の <ɣ> はギリシャ文字 γ に由来しますが，ギリシャ文字の(4a)とは別の文字(4b)として登録されています。

（4）　a.　γ　GREEK SMALL LETTER GAMMA

　　　　b.　ɣ　LATIN SMALL LETTER GAMMA

これに対し，(5a)の <θ> はギリシャ文字としてだけでなく，発音記号としても用います。

（5）　a.　θ　GREEK SMALL LETTER THETA

　　　　b.　Θ　GREEK CAPITAL LETTER THETA

　　　　c.　ϑ　GREEK THETA SYMBOL

　　　　d.　Θ　GREEK CAPITAL THETA SYMBOL

発音記号として用いる時は，他のラテン文字に合うように，斜めに傾いた形ではなく(5a)に示したように垂直の字形（になるフォント）を用いるのが

普通です。なお，発音記号専用の "LATIN SMALL LETTER THETA" 導入の提案は
ありますが，採用されていないようです。

　次に <e, o> 関連の記号について。

（ 6 ）　a.　e　　LATIN SMALL LETTER E

　　　　　b.　ɛ　　LATIN SMALL LETTER OPEN E

　　　　　c.　ε　　GREEK SMALL LETTER EPSILON

（ 7 ）　a.　o　　LATIN SMALL LETTER O

　　　　　b.　ɔ　　LATIN SMALL LETTER OPEN O

<e, o> は口の開きが狭く（舌の位置が高く），<ɛ, ɔ> は広い（舌の位置が低い）
エとオです。

	前	後
狭	e	o
広	ɛ	ɔ

(6b) の <ɛ> は発音記号で，(6c) の <ε> はギリシャ文字です。英語では，
<e, ɛ>，<o, ɔ> の違いのみにより単語が区別されることがないので，精密
表記では <ɛ, ɔ> が使われる場合でも簡略表記では <e, o> が使われること
があります。ある辞書で bed の発音表記が [bɛd] で，他の辞書で [bed] と
なっていても，（必ずしも）異なる発音を示しているわけではありません。

　(6a, b) を 180 度回転させたものが (8a, b) です。

（ 8 ）　a.　ə　　LATIN SMALL LETTER SCHWA

　　　　　b.　ɜ　　LATIN SMALL LETTER REVERSED OPEN E

<ə> は中舌中央母音で，名称は schwa [ʃwɑː] です。ɜ は非円唇中舌半広母
音です。

e		o
	ə	
ɛ	ɜ	ɔ
	ɐ	
a		ɒ

(8)に修飾文字が付いたのが(9a, b)です。

（ 9 ）　a.　ɚ　LATIN SMALL LETTER SCHWA WITH HOOK

　　　　b.　ɝ　LATIN SMALL LETTER REVERSED OPEN E WITH HOOK

　　　　c.　˞　MODIFIER LETTER RHOTIC HOOK

<˞> は修飾文字で，舌先を反らせたり舌を盛り上げたりすることで母音が
r音を帯びることを示します。<ɚ, ɝ> は <ə, ɜ> に <˞> を組み合わせた文
字で，アメリカ英語の bird, fur の母音を表します。英語の辞書で見られる
アメリカ英語の発音表記に見られる <ɚ, ɝ, ər, ɜr> は表記のバリエーショ
ンで，同じ音を表します。

　次に <i> 関連の記号について。

（10）　a.　i　LATIN SMALL LETTER I

　　　　b.　ɪ　LATIN SMALL LETTER CAPITAL I

　　　　c.　ι　LATIN SMALL LETTER IOTA

　　　　d.　ι　GREEK SMALL LETTER IOTA

　　　　e.　ı　LATIN SMALL LETTER DOTLESS I

(10a)は「基本ラテン文字」の <i> で，(10b, c)は「発音記号」です。英語
の発音表記で <i, ɪ> を使用する場合は前者を緊張音，後者を弛緩音に当て
ます。弛緩音に(10c)の <ι> が使われたこともありますが，現在は(10b)
の <ɪ> が用いられます。(10d)の <ι> はギリシャ文字で，発音記号の <ι>
はこの文字を基にして作られたものですが，別の文字です。(10e)の <ı> は
「拡張 A」の点のない <i> で，これも別の文字です。

　以前は，good, dog の g に当たる有声軟口蓋破裂音は <g> で表し，<g>
は代用表記という扱いでしたが，現在では IPA でも使用が正式に認められ
ています。

（11）　a.　g　LATIN SMALL LETTER G

　　　　b.　ɡ　LATIN SMALL LETTER SCRIPT G

(12c)の <ʃ> は昔，例えばシェイクスピアの時代の英語でも使われてい

たもので，"long s"と呼ばれます。(12a)は通常の小文字の <s> ですが，"long s"と対比して言及する時は "short s"と呼ばれることもあります。"long s"のイタリック体の字形を直立させたものが(12b)の <ʃ> で，ship, fish などの sh の発音を表し，esh [eʃ] という名が付いています。(12d)の積分記号も long s を基にしています。発音記号として用いられるのは(12a)と(12b)です。

(12)　a.　s　LATIN SMALL LETTER S

　　　b.　ʃ　　LATIN SMALL LETTER ESH

　　　c.　ſ　　LATIN SMALL LETTER LONG S

　　　d.　∫　　INTEGRAL

(13b)の <ʒ> は z の字形のバリエーションの1つを基にしたもので，[ʃ] に対応する有声音を表します。英語で [ʃ] が sh で綴られるのに合わせ [ʒ] を zh で表すことがありますが，<ʒ> の名称 ezh の綴りはここから来ています。よく似た(13c)の <ʒ> は中英語期に用いられた g の字形の一種で別の文字です。(13d)と(13e)も形は似ていますが別の文字です。発音記号として用いられるのは(13a)と(13b)です。

(13)　a.　z　LATIN SMALL LETTER Z

　　　b.　ʒ　LATIN SMALL LETTER EZH

　　　c.　ʒ　LATIN SMALL LETTER YOGH

　　　d.　ʒ　BLACKLETTER CAPITAL Z

　　　e.　ʒ　MATHEMATICAL FRAKTUR SMALL Z

(14a)の <ç> はフランス語の表記に用いられる文字で，「ラテン1補助」に収録されています。発音記号としては無声硬口蓋摩擦音を表します。昔使われていた z の字形の一種で，Wikipedia によると(14b)の文字が ʒ→ ç の変化を経たものです[21]。

---

[21]　図は http://en.wikipedia.org/wiki/Ç#mediaviewer/File:Visigothic_Z-C_cedille. svg/ より。

（14）　a.　ç　LATIN SMALL LETTER C WITH CEDILLA

　　　　b.　ȝ　LATIN SMALL LETTER VISIGOTHIC Z

（15a）の <ŋ> は <n> と <g> を合わせたもので，sing の ng の音を表します。名前は eng [eŋ] です。元々は発音記号として作られた文字ですが，正書法でこの文字を採用した言語があり，発音記号ではなく「拡張 A」のブロックに収録されています。大文字は（15b）の <Ŋ> です。（15c）はギリシャ文字のエータ。字形が似ているため，過去に <ŋ> の代用として用いられることがありました。

（15）　a.　ŋ　LATIN SMALL LETTER ENG

　　　　b.　Ŋ　LATIN CAPITAL LETTER ENG

　　　　c.　η　GREEK SMALL LETTER ETA

（16b）の <ɹ> は英語の red の語頭の子音を表す記号です。この音の表記に r が用いられるのは代用で，<r> は本来歯茎ふるえ音を表す記号です。

（16）　a.　r　LATIN SMALL LETTER R

　　　　b.　ɹ　LATIN SMALL LETTER TURNED R

昔は発音記号が用意できずに他の文字で代用することもありましたが，現在では記号も簡単に使えるようになっているので，適切な文字を選択して使用しましょう。文字の選択方法については第 7 章「文字コード」の 2.2節「文字集合と配列順序の確認方法」を参考にしてください。

第 **7** 章

文字コード

1. ファイルの形式
2. 文字コード
3. 文字コードとテキスト処理

　現在では文字や記号は電子的に処理されることが多いので，その仕組みについて見ておきましょう。コンピューター内部では，文字（記号や制御文字を含む）1 つ 1 つに固有の数値を割り当てて処理しますが，文字と数値の間の " 対応表 " が文字コードです。本章では文字コードの仕組みと種類について見ていきます。

1.　ファイルの形式

　まずはファイルの形式とそれに関連した用語・概念について確認しましょう。

1.1　ビットとバイト

　コンピューターが扱う情報の最小単位がビットです（bit < binary digit, 0 または 1 の 2 進数の 1 桁）。1 ビットあれば 2 つの状態（0/1，オフ / オン，○ / ●など）が区別できます。2 ビットなら 2^2 で 4 つ，3 ビットなら 2^3 で 8 つのものが区別できます。

1 ビット	$2^1 = 2$	0, 1
2 ビット	$2^2 = 4$	00, 01, 10, 11
3 ビット	$2^3 = 8$	000, 001, 010, 011, 100, 101, 110, 111
4 ビット	$2^4 = 16$	0000, 0001, 0010..., 1101, 1110, 1111
5 ビット	$2^5 = 32$	00000, 00001, 00010, ..., 11101, 11110, 11111
6 ビット	$2^6 = 64$	000000, 000001, 000010, ..., 111110, 111111
7 ビット	$2^7 = 128$	0000000, 0000001, ..., 1111110, 1111111
8 ビット	$2^8 = 256$	00000000, 00000001, ..., 11111110, 11111111

USB メモリースティックなどの容量が，5MB, 40MB などではなく，32MB, 64MB など，中途半端と思える数となっているのは 2^n のサイズだからです。

　バイトは複数のビットをまとめた単位で，現在では 8 ビットを 1 バイトとするのが普通です。8 ビット 1 バイトなら $2^8=256$ のものが，2 バイト

（16 ビット）で $2^{16} = 65,536$ のものが区別できます。

　このようにして現在のコンピューターでは情報を区別し，処理・記録しています。

1.2　2 進数と 16 進数

　1 ビットの 2 つの状態（ここでは○と●で表す）を 0 と 1 で表し，一列に並べると 2 進数の表記と見なせます。2 進数は人間にとってはわかりにくいので，これを 10 進数に近い 8 進数や 16 進数で表したりします。16 進数では 9 よりも大きい数字が必要になり，A～F を数字として使用します。

2進数	2進数	8進数	10進数	16進数		2進数	2進数	8進数	10進数	16進数
○○○○	0000	0000	0	0		●○○○	1000	10	8	8
○○○●	0001	1	1	1		●○○●	1001	11	9	9
○○●○	0010	2	2	2		●○●○	1010	12	10	A
○○●●	0011	3	3	3		●○●●	1011	13	11	B
○●○○	0100	4	4	4		●●○○	1100	14	12	C
○●○●	0101	5	5	5		●●○●	1101	15	13	D
○●●○	0110	6	6	6		●●●○	1110	16	14	E
○●●●	0111	7	7	7		●●●●	1111	17	15	F

8 ビットあれば 2 進数で 8 桁，16 ビットなら 16 桁の範囲の数値を表すことができます。8 進数，10 進数，16 進数で表すと次のようになります。

2 進数	8 進数	10 進数	16 進数
00000000～11111111	000～377	000～255	00～FF
0000000000000000 ～1111111111111111	000000 ～177777	00000 ～65535	0000 ～FFFF

表 7–1：8 ビットで表せる数値

　1 文字を表すのに 1 バイト（8 ビット）使用するのであれば 256 個（10 進数 0～255，16 進数 0～FF）の文字を，16 ビットなら 65,536 個（10 進数 0～65535，16 進数 0～FFFF）の文字を区別して扱うことができることになります。

1.3　テキストファイルとバイナリファイル

　基本的に文字 (改行文字, タブなどの制御文字[1] を含む) に対応付けられたバイト列のみからなるファイルが「テキストファイル」です。コンピューターの内部では, データはすべてオンかオフ (0か1) のビットの連続から成るので, すべてのファイルは「バイナリファイル」(binary「二進法の」) と言えますが, 一般にはテキストファイルを除くファイルをバイナリファイルと呼んで, テキストファイルと区別しています。

　ワープロソフトの文書は, ページのレイアウト, 文字のフォント, サイズ, 色, 文字飾りなど, 様々な情報が組み込まれているため, テキストファイルではなくバイナリファイルです。ワープロソフトで作成した文書も, 保存時にファイル形式を指定してテキストファイルとして保存することができます。ただしその場合ページのレイアウト, フォント情報等は失われます。

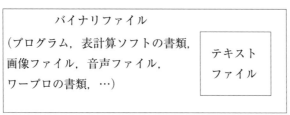

図7-1: バイナリファイルとテキストファイル

2.　文字コード

2.1　符号化文字集合と文字符号化方式

　コンピューターの内部では, 文字1つ1つに固有の数値を割り当て処理

---

[1] 「改行」(次の行に移動) や「タブ」(指定の位置まで移動) などは, コンピューターへの指示を表すもので, 普通の文字とは違いますが, コンピューターではこれらも「文字」として扱い, 通常の文字と区別し「制御文字」と呼びます。通常の文字を制御文字と区別して呼ぶ時には「図形文字」「印字可能文字」と呼びます。

しますが，文字と数値の間の "対応表" が文字コードです。その対応表で規定される文字の集合を「符号化文字集合」，各文字に対応付けられた数値と，実際にコンピューターで処理する際のバイト列への対応付けの方法を「文字符号化方式（エンコーディングスキーム）」と呼びます。

符号化文字集合	文字符号化方式
ASCII (JIS X 0201), JIS X 0208	JIS (ISO-2022-JP), Shift JIS, EUC-JP
Unicode	UTF-16, UTF-8 など

表 7–2: 日本語表記に用いられる文字コードの例

大雑把な喩えですが，符号化文字集合は番号付きの文字が載っている名簿で，文字符号化方式は座席表のようなものです。名簿に載っている各文字には規則に従って座席が 1 つ割り当てられますが，割り当て方の規則が複数ある場合があり，これが座席表を決める文字符号化方式の違いとなります。

　文字コード　文字と数値の間の "対応表"
　・符号化文字集合　番号付きの文字の集合　　　　　… 名簿
　・文字符号化方式　文字とバイト列の対応付けの方法 … 座席表

ASCII (JIS X 0201 との関係は後述) にはいわゆる半角英数字，記号類が収められていますが，日本語の仮名，漢字などは含まれません。仮名，漢字などは JIS X 0208 に収められており，日本語を表記する場合にはこの 2 つを組み合わせて使います。この 2 つの文字集合を合わせた文字の座席の割り振り方が JIS[2], Shift JIS, EUC-JP になります。同じ 2 つの名簿の文字で座席表への対応付けは機械的な計算式によるので，JIS, Shift JIS, EUC-JP の間では機械的に文字データの変換ができます。別の文字集合である Unicode にも UTF-16, UTF-8 と複数の符号化方式がありますが，これらの間では

---

[2] 「JIS（コード）」は ISO-2022-JP の俗称。ISO-2022-JP は国際標準化機構（ISO, International Organization for Standardization）によって標準化された文字コードの扱いに関する規格 ISO/IEC 2022 に沿って定義された日本語の文字コードの 1 つ。

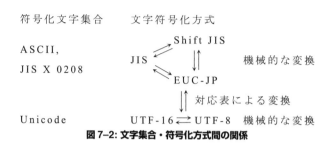

符号化文字集合　　文字符号化方式

ASCII,
JIS X 0208　　　JIS　Shift JIS
　　　　　　　　　　　EUC-JP　機械的な変換

対応表による変換

Unicode　　　　　UTF-16 ⇄ UTF-8　機械的な変換

図 7–2: 文字集合・符号化方式間の関係

　U+ に続く 16 進数は Unicode のコードポイントを表す。その後に続くものは区別のためのもので Unicode での名称ではない。

A	U+0041	ラテン文字	-	U+002D	ハイフンマイナス
A	U+FF21	全角ラテン文字	－	U+FF0D	全角ハイフンマイナス
A	U+0391	ギリシャ文字	-	U+00AD	ソフトハイフン
A	U+0410	キリル文字	‐	U+2010	ハイフン
A	U+1D00	発音記号	－	U+2212	負符号
			-	U+2011	non-breaking hyphen
μ	U+03BC	ギリシャ文字	-	U+2043	hyphen bullet
μ	U+00B5	単位記号	–	U+2012	figure dash
			–	U+2013	en ダッシュ
/	U+002F	ソリダス(スラッシュ)	—	U+2014	em ダッシュ
/	U+2044	fraction slash	—	U+2015	ホリゾンタルバー
╱	U+2571	罫線	—	U+2500	罫線
／	U+FF0F	全角ソリダス	━	U+2501	罫線
			一	U+4E00	漢数字
			ー	U+30FC	音引き
			ｰ	U+FF70	半角音引き

冤	U+51A4	熙	U+7155	楽	U+697D
冤	U+5BC3	熙	U+7188	樂	U+6A02
冤	U+21A1A	熙	U+7199	樂	U+F914
冤	U+2F818	熙	U+242EE	樂	U+F95C
冤	U+2F86D			樂	U+F9BF

表 7–3: 字形の似た文字

機械的な変換が可能です。JIS X 0208 の文字はすべて Unicode にも収められていますが，異なる文字集合であるため変換には 1 つ 1 つの対応を示した対応表が必要になり，対応表によって異なる文字に変換されてしまう可能性も出てきます（前ページ図 7–2）。

「文字コード」と言った場合，文字集合を指すことも，符号化方式を指すこともあります。JIS などの規格では用語・概念が明確に規定されていても，規格間で用語が統一されていないところもあり，一般的には様々な用語が複数の意味で用いられているため，文脈から各用語がどういう意味で用いられているか判断する必要があります。

見た目が同じであったり，人間にとっては同じ文字と見なせたりするものでも，独立して文字コードに登録されているものはコンピューターにとっては異なる文字となります。独立して登録されているかどうかは文字コードによっても変わります。例えば Unicode では前ページの表 7–3 の各文字は異なるコードポイントが与えられ，異なる文字として扱われます。

2.2　文字集合と配列順序の確認方法

Windows と MacOS X の場合，文字集合と文字の配列順序は，次のようにして確認できます（バージョンによって異なることがある）。

Windows: 言語バーにある IME パッドのアイコンをクリックし，IME パッドを表示，［文字一覧］を選択します。文字が表示されない時にはフォントを適当なものに変更します。適当なフォントがなくて表示できない場合には，新規にフォントをインストールする必要があります。

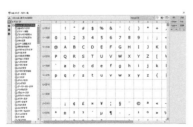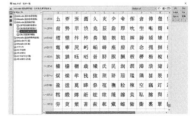

図 7–3: Windows の IME パッド

MacOS: メニューバーの入力メニュー（**A** **あ** **ア** のように表示されている
個所）から［絵文字と記号を表示］を選択・表示し，［Unicode］を選択すれ
ば，文字の配列と各文字のコードポイントがわかります。見た目だけで
は区別できない文字はコードポイントで確認します。関連文字も表示し
てくれるので検索時には参考にしましょう。

MacOS での Unicode 表の出し方

［絵文字と記号を表示］を選択し表示し，左上プルダウンメニューから
［リストをカスタマイズ ...］を選択，「カテゴリを選択」のボックスを開
く。

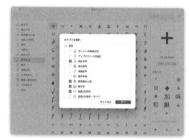

図 7–4: MacOS の「絵文字と記号」でリストをカスタマイズ

ボックスの「コード表」の ▷ をクリックし開き，Unicode を選択，［完
了］を押す。

図 7–5: MacOS の「絵文字と記号」でカテゴリを選択

左下に加わった［Unicode］を選択し表示されるリストから選択。

図7-6: MacOS の「絵文字と記号」で Unicode を選択

2.3　ASCII/JIS X 0201 とバックスラッシュ（\）/ 円記号（¥）

英語の表記に用いられる文字コードで基本となるのが ASCII（American
Standard Code for Information Interchange）で，次の 95 文字（先頭の␣はスペー
スを表す）とタブ，改行文字などの制御文字からなる文字コードです。

```
␣ ! " # $ % & ' ( ) * + , . / 0 1 2 3 4 5 6 7 8 9 : ; < = > ?
```

```
@ A B C D E F G H I J K L M N O P Q R S T U V W X Y Z [ \ ] ^ _
```

```
` a b c d e f g h i j k l m n o p q r s t u v w x y z { | } ~
```

多くの文字コードは ASCII と互換性があり，通常，ASCII 内の文字はその
まま表示できます。Unicode でも Basic Latin（基本ラテン文字）のブロック
に収録されており，UTF-8 という符号化方式では ASCII テキストはその
まま Unicode テキストとして扱うことができます。

ASCII

	0 1 2 3 4 5 6 7 8 9 A B C D E F
0	
1	
2	␣ ! " # $ % & ' ( ) * + , - . /
3	0 1 2 3 4 5 6 7 8 9 : ; < = > ?
4	@ A B C D E F G H I J K L M N O
5	P Q R S T U V W X Y Z [\ ] ^ _
6	` a b c d e f g h i j k l m n o
7	p q r s t u v w x y z { | } ~

JIS X 0201（Roman）

	0 1 2 3 4 5 6 7 8 9 A B C D E F
0	
1	
2	␣ ! " # $ % & ' ( ) * + , - . /
3	0 1 2 3 4 5 6 7 8 9 : ; < = > ?
4	@ A B C D E F G H I J K L M N O
5	P Q R S T U V W X Y Z [¥] ^ _
6	` a b c d e f g h i j k l m n o
7	p q r s t u v w x y z { | } ~

KS X 1003［韓国］

	0 1 2 3 4 5 6 7 8 9 A B C D E F
0	
1	
2	␣ ! " # $ % & ' ( ) * + , - . /
3	0 1 2 3 4 5 6 7 8 9 : ; < = > ?
4	@ A B C D E F G H I J K L M N O
5	P Q R S T U V W X Y Z [₩] ^ _
6	` a b c d e f g h i j k l m n o
7	p q r s t u v w x y z { | } ~

網掛け部分は文字が異なっているところ

図7-7: ISO 646 の国際基準版（ASCII）と各国版の例

　ASCII が表示できると言っても一部の文字は ASCII のものとは異なる文字として表示されることがありますが，これは一部を別の文字で置き換えた文字セットを想定した処理がなされているためです。これらの文字セットは ISO 646（ISO/IEC 646）と呼ばれ，置き換える文字は国によって異なります。ISO 646 の日本版は JIS X 0201 という規格です。

　ASCII と JIS X 0201 との違いで特に問題になるのは，バックスラッシュ（\, backslash, reverse solidus）です。環境によっては ¥ のように表示され，キーボードから入力する時も ¥ が印刷されているキーで入力することが多いでしょう。Windows でディレクトリの区切り文字が英語環境では＼なのに日本語環境では ¥ となるのも同じ理由によります。

Unicode にはバックスラッシュに相当するものとは別に収録されている
¥ ₩があり，これらは別物として扱われます。

見た目	バイト列 ASCII ... UTF-8	Unicodeでのコードポイント
"\"	5C — 5C	＼ (U+005C, REVERSE SOLIDUS)
"¥"	C2 A5	¥ (U+00A5, YEN SIGN)
"₩"	EF BF A6	₩ (U+20A9, WON SIGN)

これらの文字がどう表示されるかはアプリケーションや設定によります。
見た目だけでは区別がつかないこともあり，正規表現による文字列検索な
どでは注意が必要です。

2.4 アクセント記号付きの文字 (**Latin-1**)

fiancé, naïve, Niño などのアクセント記号付きの文字は ASCII には収録
されておらず，これらの文字を扱うために，Latin-1 (ISO 8859-1) と呼ばれ
る文字コードが作られました。

	0123456789ABCDEF		0123456789ABCDEF
0		8	
1		9	
2	␣!"#$%&'()*+,-./	A	¡¢£¤\¦§¨©ª«¬-®‾°
3	0123456789:;<=>?	B	±²³´µ¶·¸¹º»¼½¾¿
4	@ABCDEFGHIJKLMNO	C	ÀÁÂÃÄÅÆÇÈÉÊËÌÍÎÏ
5	PQRSTUVWXYZ[\]^_	D	ÐÑÒÓÔÕÖ×ØÙÚÛÜÝÞß
6	`abcdefghijklmno	E	àáâãäåæçèéêëìíîï
7	pqrstuvwxyz{|}~	F	ðñòóôõö÷øùúûüýþÿ

図 7–8: Latin-1 (ISO 8859-1)

ASCII の文字はそのまま Latin-1 (ISO 8859-1) にも収録されており，
Latin-1 の文字は Unicode に収録されています。ASCII に相当する部分は
Basic Latin (基本ラテン文字)，それ以外の Latin-1 に相当する部分は Latin-
1 Supplement (ラテン 1 補助) と呼ばれます。

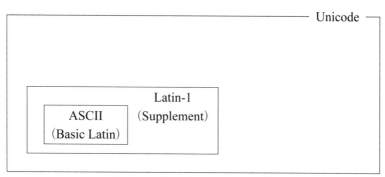

図7-9: ASCII, Latin-1, Unicode の関係

Latin-1 には次の文字が含まれます (制御文字は除く)。最初の3行はASCII
と同じです。

Latin-1 (ISO 8859-1)

```
 _!"#$%&'()*+,-./0123456789:;<=>?@
ABCDEFGHIJKLMNOPQRSTUVWXYZ[\]^_`          Basic Latin
abcdefghijklmnopqrstuvwxyz{|}~            (ASCIIと同じ)
 ¡¢£¤\¦§¨©ª«¬-®‾°±²³´µ¶·¸¹º»¼½¾¿
ÀÁÂÃÄÅÆÇÈÉÊËÌÍÎÏÐÑÒÓÔÕÖ×ØÙÚÛÜÝÞß          Latin 1
àáâãäåæçèéêëìíîïðñòóôõö÷øùúûüýþÿ           Supplement
```

図7-10: Latin-1 の構成

2.5　半角文字と全角文字

　日本語の表記には，ラテン文字 (ローマ字) や記号以外に，仮名や漢字が
必要になりますが，JIS X 0208 のような仮名や漢字を含む文字コードには，
ASCII (基本ラテン文字) に含まれる記号，数字，ラテン文字 (ローマ字，アル
ファベット) も含まれています。これらの記号・数字・ラテン文字は，人間
にとっては ASCII のものと "同じ文字" でも，コンピューターにとっては
ASCII のものとは異なる文字として扱われます。これらの文字を区別する
のに，ASCII の文字 (に相当するもの) には「半角 (文字) の」(halfwidth) を，
他方には「全角 (文字) の」(full-width) を付けて呼ぶことがあります。「半角」

␣ 、。，．・：；？！゛゜´｀¨＾￣＿ヽヾゝゞ〃仝々〆〇ー―‖‐／＼〜∥　…‥
‘’“”（）〔〕［］｛｝〈〉《》「」『』【】＋−±×÷＝≠＜＞≦≧∞∴♂♀°′″℃
￥＄￠￡％＃＆＊＠§☆★○●◎◇◆□■△▲▽▼　※〒→←↑↓　＝
∈∋⊆⊇⊂⊃∪∩∧∨￢⇒⇔∀∃∠⊥⌒∂∇≡≒≪≫√∽∝∵∫∬Å‰♯♭♪†‡
¶　○0123456789ABCDEFGHIJKLMNOPQRSTUVWXY
Zabcdefghijklmnopqrstuvwxyzぁあぃいぅうぇえぉお
かがきぎくぐけげこごさざしじすずせぜそぞただちぢっつづてでとどなにぬねのは
ばぱひびぴふぶへべぺほぼぽまみむめもゃやゅゆょよらりるれろゎわゐゑをんァ
アィイゥウェエォオカガキギクグケゲコゴサザシジスズセゼソゾタダチヂッツヅテ
デトドナニヌネノハバパヒビピフブプヘベペホボポマミムメモャヤュユョヨラリル
レロヮワヰヱヲンヴヵヶ … 亜唖娃阿哀愛挨姶逢葵茜穐悪握渥旭葦芦鯵梓圧斡扱宛
姐虻飴絢綾鮎或粟袷安庵按暗案闇鞍杏以伊位依偉囲夷委威尉惟意慰易椅為畏異移維
緯胃萎衣謂違遺医井亥域育郁磯一壱溢逸稲茨芋鰯允印咽員因姻引飲淫胤蔭 …

図 7–11: JIS X 0208 に含まれる文字の例

「全角」は本来表示される文字の幅を基にした言い方で，同じ文字でもフォントが異なると文字幅も変わるため正確な呼び方ではありませんが，広く用いられており，Unicode でも使用されています。JIS X 0201 には，ASCII に相当するラテン文字用図形文字集合だけでなく片仮名用図形文字集合も含まれていますが，この片仮名のことを JIS X 0208 の片仮名と区別するために「半角カナ」と呼び，Unicode でも対応する片仮名は HALFWIDTH KATAKANA LETTER と呼ばれています。

　なお，全角・半角の区別は 1 文字を表すのに用いられるバイト数とは一致しません。文字集合 ASCII と JIS X 0208 を JIS (ISO-2022-JP) などで符号化すると，1 文字を表すのに用いられるバイト数は半角 1，全角 2 にな

		JIS (ISO-2022-JP) Shift JIS	Unicode UTF-8	UTF-16
"半角"	a	1 バイト	1 バイト	2 バイト
	8	1 バイト	1 バイト	2 バイト
	ｱ	1 バイト	3 バイト	2 バイト
"全角"	8	2 バイト	3 バイト	2 バイト
	あ	2 バイト	3 バイト	2 バイト
	漢	2 バイト	3 バイト	2 バイト

表 7–4: 文字コードと 1 文字のバイト数

るため，半角文字を「1 バイト文字」，全角文字を「2 バイト文字」と呼ん
だり，全角仮名と半角カナを「2 バイト仮名，1 バイト仮名」と呼び分け
たりすることもありましたが，これらの文字を Unicode に変換した場合，
符号化方式が UTF-16 であればすべて 2 バイトになり，UTF-8 では，ASCII
に相当する文字 (Basic Latin) は 1 バイト，その他は 3 バイトになり，全角・
半角の区別とバイト数は一致しなくなくなります。

　半角の「8」も全角の「8」も 8 は 8。「2022 年 8 月 10 日」と「2022 年
8 月 10 日」が別の日を指したりはしない。日常生活ではそれで問題が生じ
ることは少ないでしょうが，コンピューターで処理する場合，ツールによっ
ては同じ文字と見なされないため，一方で検索すると他方がヒットしなかっ
たり，頻度数などの数値が違ってしまったりするため，研究用のデータの
作成時には意識的に区別し，一貫したやり方で入力する必要があります。

2.6　漢　　字

　漢字の配列順序は次のようになっています。EUC-JP と Shift JIS は文字
符号化方式は違いますが文字集合は同じ JIS X 0208 で，配列は同じです。
KS X 1001 は韓国の文字コードです。

JIS X 0208	亜唖娃阿哀愛挨姶逢葵茜穐...齶齷龕龜龠堯槇遙瑤凜熙
Unicode	一丁万七丄丅丆万丈三上下...穌穎穌顴 (熇曙...共卓 戀)
KS X 1001	伽佳假價加可呵哥嘉嫁家暇...戯晞曦熙熹熺犠禧稀義詰

表 7–5: 文字コードによる漢字の配列順の違い

上で示した Unicode の漢字は CJK 統合漢字 (CJK Unified Ideographs) の部
分のものです。Unicode では CJK 統合漢字ブロック以外にも漢字が収録さ
れています。

・CJK 互換漢字: 重複して登録された漢字
　日本語の漢字とは異なり韓国語の漢字は音読みのみで訓読みはなく，音
読みも基本的に各文字に 1 つですが，一部に複数の読みがあるものがあり
ます。

漢字　女　　　　金　　　　樂
読み　녀, 여　　금, 김　　　락, 나, 악, 요

韓国の文字コード KS X 1001 では，読みが異なる（ハングル表記した時に異なるハングルに対応する）漢字が重複して登録されており，Unicode でも，KS X 1001 → Unicode → KS X 1001 と変換した時に元に戻せるように，これらの文字を重複して登録し，1 つは CJK 統合漢字に，他の文字は CJK 互換漢字（CJK Compatibility Ideographs）に収録しています。特別な処理がなされていない限り，CJK 統合漢字の「女」で検索しても，CJK 互換漢字の「女」はヒットしないので，入力や検索，他の文字コードとの間の変換の際には気を付ける必要があります。

CJK 統合漢字: 女 [녀]，金 [금]，樂 [락]
CJK 互換漢字: 女 [여]，金 [김]，樂 [나]・樂 [악]・樂 [요]

```
豈更車賈滑串句龜龜契金喇奈懶癩羅蘿螺裸邏樂洛烙珞落酪駱亂卵欄
欄蘭鸞嵐濫藍襤拉臘蠟廊朗浪狼郎來冷勞擄櫓爐盧老蘆虜路露魯鷺碌
祿綠菉錄鹿論壟弄籠聾牢磊賂雷壘屢樓淚漏累縷陋勒肋凜凌稜綾菱陵
讀拏樂諾丹寧怒率異北磻便復不泌數索參塞省葉說殺辰沈拾若掠略亮
兩凉梁糧良諒量勵呂女廬旅濾礪閭驪麗黎力曆歷歷年憐戀撚漣煉璉秊
練聯輦蓮連鍊列劣咽烈裂說廉念捻殮簾獵令囹寧嶺怜玲瑩羚聆鈴零靈
領例禮醴隷惡了僚寮尿料樂燎療蓼遼龍暈阮劉杻柳流溜琉留硫紐 …
```

表 7–6: CJK 互換漢字

　CJK 互換漢字には CJK 統合漢字と重複しない文字も含まれています。例えば「﨑」は CJK 統合漢字ですが，「﨑」は CJK 互換漢字のブロックに収録されています。CJK 統合漢字拡張 A など，他にも漢字を収録しているブロックがあり，また「々〆」は CJK 記号と句読点のブロックにあるなど，処理の際には CJK 統合漢字・CJK 互換漢字以外の文字についても考慮する必要があります。

3.　文字コードとテキスト処理

　テキストファイルは汎用性が高く，多くのツールで扱えます．正規表現を用いるといろいろな文字列のパターンが指定できますが，正規表現が使えるツールであればこれを利用し複雑な条件を指定して検索することができます．

　テキストファイルを処理する際には，処理対象のテキストファイルの文字コードとそれを処理するツールの内部コードとの違いに気を付けましょう．あるテキストエディタが Unicode, EUC-JP, Shift JIS などのテキストファイルを扱えるといっても，ツールの内部では特定の文字コードに変換して処理しています．特定の文字コードに変換せず，元のバイト列のまま処理することもあります．

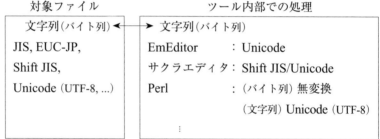

対象ファイル	ツール内部での処理
文字列 (バイト列) ◀───▶	文字列 (バイト列)
JIS, EUC-JP,	EmEditor　　　　：Unicode
Shift JIS,	サクラエディタ：Shift JIS/Unicode
Unicode (UTF-8, ...)	Perl　　　　　　：(バイト列) 無変換
	(文字列) Unicode (UTF-8)

符号化方式の違い　→　機械的な変換
文字集合の違い　　→　対応表による変換 (ツール等による違い)

表7–7: 対象ファイルとツールの文字コード

　正規表現の文字クラスで範囲指定を行う時はツールが処理に用いる文字コードに従います．処理対象のファイルの文字コードではありません．上で見た通り，文字集合 JIS X 0208 (符号化方式 JIS, Shift JIS, EUC-JP) と Unicode (UTF-16, UTF-8) では収録されている文字の種類だけでなく，配列順序も異なりました．

JIS X 0208　　亜唖娃阿哀愛換…郁磯─壱溢…齲齶龕龜會堯槇遙瑤凜熙

Unicode　　　　─丁丂七丄丅丆…亚些亜亝亞…熸熷熙燀燁燂…穌穌龢顧

対象ファイルの文字コードが Shift JIS だからと漢字 1 文字を文字クラス
［亜 - 熙］で指定してしまうと，Unicode で処理するツールであれば「一」
〜「些」の範囲と「燁」より後ろの漢字はマッチせず，漏れが生じることに
なります。図 7–12 に示したテキストエディタ mi[3] で［亜 - 熙］と［一 - 顗］
がマッチする文字を確認したものです。

図 7–11：正規表現の文字クラスでの漢字の範囲指定

マッチした文字がハイライトされていますが，［亜 - 熙］ではマッチしない
漢字があり，［一 - 顗］ならすべての漢字がマッチしているので，Unicode
で処理されていることがわかります。ツールに付属しているドキュメント
ではどの文字コードに従うのかわからない場合，このように実際にマッチ
するものを確認するのも 1 つの方法です。

　サクラエディタのように途中のバージョンから内部コードを変更したも
のもあります。変更前と後では範囲指定の方法も変わります。JIS から
EUC-JP への変換のように文字集合は同じで符号化方式のみの変換であれ

3　mi（エムアイ）は macOS 用日本語テキストエディタ。https://www.mimikaki.net

ば，範囲指定の仕方は変わりませんが，JIS から Unicode では指定方法も
変わるので注意しましょう。

　対象テキストにどのような文字が含まれているかわからない場合，Perl
などのプログラミング言語で処理し文字一覧を作成し想定外の文字が使わ
れていないか確認してから処理すると，ミスも防ぎやすくなります。具体
的な方法については大名力 (2012)『言語研究のための正規表現によるコー
パス検索』などをご覧ください。

参 照 文 献

赤須薫 (編). (2018).『コンパスローズ英和辞典』研究社.

藤村逸子・滝沢直宏 (編). (2011).『言語研究の技法: データの収集と分析』ひつじ書房.

井上永幸・赤野一郎 (編). (2019).『ウィズダム英和辞典』(第 4 版). 三省堂.

Jones, D. (1964). *An outline of English phonetics* (9th ed.). W. Heffer & Sons.

研究社辞書編集部 (編)・トム・ガリー (監修). (2017).『英語の数量表現辞典』(増補改訂版). 研究社.

木村琢也・小林篤志. (2010).「IPA (国際音声記号) の基礎: 言語学・音声学を学んでいない人のために」『日本音響学会誌』*66*(4), 178–183.

国立国語研究所. (1990).「日本語の母音, 子音, 音節: 調音運動の実験音声学的研究」『国立国語研究所報告』100.

Lindsey, Geoff. (2019). *English after RP: Standard British pronunciation today*. Palgrave Macmillan.

Liu, C., Jin, S-H., & Chen, C-T. (2014). Durations of American English vowels by native and non-native speakers: Acoustic analyses and perceptual effects. *Language and Speech*, *57*(2), 238–253.

McCrum, R., Cran, W., & MacNeil, R. (1986). *The story of English*. Faber and Faber.

南出康世・中邑光男 (編). (2022).『ジーニアス英和辞典』(第 6 版). 大修館書店.

長瀬慶來教授古希記念出版刊行委員会 (編). (2022).『英語音声学・音韻論: 理論と実践』大阪教育図書.

長瀬慶來・久保岳夫. (2022).「国際音声記号と基本母音・基本子音」長瀬慶來教授古希記念出版刊行委員会 (編)『英語音声学・音韻論: 理論と実践』(pp. 19–38). 大阪教育図書.

大名力. (2011).「言語研究のためのテキスト処理の基礎知識」藤村逸子・滝沢直宏 (編)『言語研究の技法: データの収集と分析』(pp. 259–278). ひつじ書房.

大名力. (2012). 『言語研究のための正規表現によるコーパス検索』ひつじ書房.

大名力. (2014). 『英語の文字・綴り・発音のしくみ』研究社.

大名力. (2017). 「英語の発音と綴りの関係」酒井英樹・滝沢雄一・亘理陽一（編）『小学校で英語を教えるためのミニマム・エッセンシャルズ: 小学校外国語科内容論』(pp. 66–77). 三省堂.

大名力・亘理陽一. (2017). 「英語の書き方」酒井英樹・滝沢雄一・亘理陽一（編）『小学校で英語を教えるためのミニマム・エッセンシャルズ: 小学校外国語科内容論』(pp. 78–90). 三省堂.

大名力. (2021). 『英語の綴りのルール』研究社.

斎藤純男. (2006). 『日本語音声学入門』(改訂版). 三省堂.

酒井英樹・滝沢雄一・亘理陽一（編）. (2017). 『小学校で英語を教えるためのミニマム・エッセンシャルズ: 小学校外国語科内容論』三省堂.

Oxford University Press. (n.d.). *OED Online*. http://www.oed.com

Wells, J. C. (2008). *Longman pronunciation dictionary* (3rd. ed.). Pearson Education. (『ロングマン発音辞典』)

Yang, J., & Fox, R. A. (2014). Perception of English vowels by bilingual Chinese–English and corresponding monolingual listeners. *Language and Speech*, *57*(2), 1–23.

索　　引

〔記号〕

＜＞　→　angle brackets
｛｝　→　curly brackets, braces
（）　→　round brackets, parentheses
［］　→　square brackets
\　→　バックスラッシュ
!　→　感嘆符
?　→　疑問符
.　→　ピリオド
,　→　コンマ
:　→　コロン
;　→　セミコロン
-　→　ハイフン
–　→　en dash
—　→　em dash
ー　→　音引き
〜　→　波ダッシュ
＿　→　下線
'　→　アポストロフィー
' '，" "　→　引用符
′　→　プライム
″　→　double prime
*　→　asterisk
^　→　キャレット
†　→　dagger, obelisk
‡　→　double dagger
#　→　ハッシュ
♯　→　シャープ
𝄞　→　ト音記号
&　→　ampersand
@　→　at sign, at symbol
£　→　pound
¥マーク　→　yen
§, §§　→　section, sections
ŋ　→　eng
ʃ　→　esh
ð　→　eth
ʒ　→　ezh
γ　→　gamma
ə　→　schwa

Θθ　→　theta
（アクセント記号）
á　→　アキュート・アクセント
à　→　グレイヴ・アクセント
â　→　サーカムフレックス
ä　→　ウムラウト
ã　→　チルダ
å　→　リング
ç　→　セディーユ

〔欧文〕

a.m./A.M./AM, p.m./P.M./PM　31, 72, 87
a に似た文字　128–129
acute accent　→　アキュート・アクセント
air quotes（finger quotes）　37
ampersand ＜&＞　45–46
angle brackets ＜＞　38
ASCII（American Standard Code for Informa-
　tion Interchange）　139, 143, 144, 146, 147
asterisk ＜*＞　47
at sign, at symbol ＜@＞　46, 53

B.C./BC, A.D./AD　31–32, 72, 86
Basic Latin　→　基本ラテン文字
BBC　55
BCE（Before the Common Era）　86
because　21–22

c（単子音字）　7
¢（cent）　53
c.　32
cc　56, 79
CD's, CDs　18, 54
CE（Common Era）　86
cf.　32, 72
CJK 互換漢字（CJK Compatibility Ideographs）
　149
CJK 統合漢字（CJK Unified Ideographs）
　148–149
coöperation, coördinate（co-ordinate）　11,

16n.–17n.
cubic   79
curly brackets, braces { }   38

dagger, obelisk <†>   47
dark room, darkroom   18–19
data   9, 10
daycare, day care, day-care   15, 16, 18
diacritical mark   →   ダイアクリティカル
マーク
double dagger <‡>   47
double prime (<″>, ダブルプライム） 36–
37, 81
dropped capital   69

e.g.   32
<e, o> 関連の文字   130–131
ed., eds.   33
em dash <—>   29–30
en dash <–>   28n., 29–30, 47
eng <ŋ> 関連の文字   133
esh <ʃ>   132
et al.   32
etc.   32
eth [ð] に似た文字   129
EUC-JP   139, 148, 150, 152
eve, even, evening   20–21
every day, everyday   19
ezh <ʒ>   132

figure, digit   79
finger quotes   →   air quotes
first   78

g（単子音字） 7
g（-ing の略） 51
g と g   131
γ（gamma）に似た文字   129
govts.   54
grave accent   →   グレイヴ・アクセント

Häagen-Dazs   12
half, halves   82
hour   87
hyphen   →   ハイフン
hyphenation   →   syllabi(fi)cation

hyphen-minus   28n., 29

i/I   11
i/y   109n.
<i> 関連の文字   131
i.e.   32
-in’   33
IOU   54
IPA   →   国際音声記号
ISO 646   144

JIS   141
JIS（ISO-2022-JP） 139, 147, 150, 151
JIS X 0201   144, 146
JIS X 0208   139, 146, 147, 148, 150

L（長さ） 48
Latin-1   145–146
Latin-1 Supplement（ラテン 1 補助） 127,
145–146
Latinx   52
lb   53
leap years   15
lever   10
libra   53
Lindsey   106n., 107, 111n.
ll.   32, 54
LL.D.   54
long s <ʃ>   131–132
long-haired   15

m（質量） 48
matter of fact   24
minus sign <–>   29–30
minute   80
morrow, morn, morning   20–21
Mr., Mrs., Miss, Ms,, Mx.   51–52

N.B.   32
naïve   11
Nausicaä   12
nevertheless   21
nos.   54
NP’s, NPs   54
nth   77
number sign   →   ハッシュ

o'clock　87
OK'ing　18
omicron (Oo), omega (Ωω)　45
opp.　54
Oxford Advanced American Dictionary　105

place　79
pokémon　11
£ (pound), pound sign　→　ハッシュ
pp.　32, 54

quarter　82

<r> 関連の文字　133
rock 'n' roll　34
round brackets, parentheses ( )　38

saké, sakè, sakë　11
Say cheese.　112n.
schwa [ə]　111, 130
second　78
second (秒)　80
section <§>, sections <§§>　32, 53, 54
set theoretic　15–16
SFX　55
Shift JIS　139, 147, 148, 150, 151
sic　32, 38
small capital　→　スモールキャピタル
square　79
square brackets [ ]　38
syllabi(fi)cation (hyphenation, 分節(法)・分綴法)　17

the （定冠詞）117, （副詞）21
theta (Θθ)　40, 41, 44
　～に似た文字　129–130
　～の発音　117–118
third　78
times　84
today, tonight, tomorrow　20–21
truncation (短縮, 刈り込み)　50, 52

UFO　55
UNICEF　57
Unicode　29, 30, 39n., 73, 90, 91, 127, 139, 141, 142–143, 145–151

UTF-8　139, 143, 147, 148, 150
UTF-16　139, 147, 148, 150

v (速度)　48

x (単子音字)　7
Xmas / Christmas　33, 53

¥ (yen)　53

〔あ行〕
明るい L (clear L)　123
アキュート・アクセント (acute accent, 例 á)　10, 108
アクセント記号（発音区別符号）10–12
　～付きの文字　145–146
アットマーク　→　at sign, at symbol
アポストロフィー <'>　17–18
　省略記号としての～　18, 33–34, 50, 87
　分離記号としての～　34
アルファベット　4

異音 (allophone)　102, 103
イタリック（斜体）14n., 71–72
　～の <r>　125–126
　省略可能を示す～　125–126
インデント　→　字下げ
咽頭壁　94, 114
引用符 (quotation mark)　36–37
　～と文末記号の連続（英米の違い）37

ウムラウト（トレマ）(dieresis, 例 ä)　10
上付き (superscript)　73
上付き文字 (raised letters)　124, 125

円唇音・円唇母音　101, 109, 111

大文字　69–71
音位転換　78
音価読み　55–57
音声　38
音声表記 / 音素表記　96n., 102, 103
音節 (syllable)　3, 4, 17, 48
音素 (phoneme)　38, 102
音引き <ー>　30, 107

〔か行〕

開音節　8, 9, 110
改行文字　138
外来語　11, 72
書き下げ式・書き上げ式　67–68
角度　81
歌詞　17
下線（_, underscore）　14n.
肩書き　70
括弧　38
漢字　3, 4, 148–149
感嘆符 <!>　34–35
簡略表記（broad transcription）　102–103, 130

基数（cardinal number）　76, 90
基本ラテン文字（Basic Latin）　29, 127, 145–146
疑問符 <?>　34–35
キャレット（<^>, caret）　47
強勢（stress）　107–108
ギリシャ文字　4, 33, 38–45, 53
　　～の英語での名称　41–45
ギリシャ文字とコプト文字　127
キリル文字　4
緊張音／弛緩音　109, 110, 131

空行　63, 64
区切りの記号と要素のまとまりのずれ　28
暗い L（dark L）　123
グレイヴ・アクセント（grave accent, 例 à）　10, 36, 37, 108

敬称　70
形態素（morpheme）　3, 4, 38
形態素文字　4
桁　76, 79, 85–86
限定用法／叙述用法（形容詞）　23–24

語　3, 15
口蓋垂　94, 114
口蓋帆　95
硬口蓋　94, 114
合字（ligature, リガチャー，抱き字）　128–129
校正記号　47

喉頭蓋　94, 114
小型英大文字　73
国際音声記号（IPA, the International Phonetic Alphabet）　43n., 98–101
　　～の補助記号　123–126
固有名詞　69, 70
コロン <:>　26–27, 87
コンマ <,>　24
　　～と関係代名詞　25–26

〔さ行〕

サーカムフレックス（circumflex, 例 â）　10, 47

子音（consonants）　3, 6, 95, 96, 112–123
子音字　6
時間　81
時刻　87–88
字下げ（インデント）　62–66
下付き（subscript）　73
シャープ <♯>　46–47
斜体　→　イタリック
重子音字　6, 9
重母音字　7
16 進数　137
主要部（head）　22
章（chapter）　60, 66
小数　78
省略記号　31–34
　　～としてのアポストロフィー　18, 33–34, 50, 87
　　～としてのピリオド　31–33, 34, 50
省略の表示　124–126
序数（ordinal number）　77–78, 82–83, 90
所有格の 's　33

数詞を修飾する不定冠詞・形容詞　77
ストレスアクセント（強勢アクセント，強弱アクセント）　107
スペース　→　分かち書き
スモールキャピタル（スモールキャップ，small capitals, small caps）　69, 72

正規表現　150
制御文字　138, 143

声帯　95, 96
精密表記（narrow transcriptions）　102–103, 120n., 130
積分記号　132
セクション <§> → section
節（section）　60, 66
接近音　43n., 121, 122–123
接辞（接頭辞・接尾辞）　5, 9, 15, 17, 23, 77
舌尖　94, 114
セディーユ（ç, cedilla）　10, 132–133
セミコロン <;>　24
全角（文字）の（full-width）/ 半角（文字）の（halfwidth）　146
全角文字　62
前進を伴う修飾文字　127, 128

側面接近音　123

〔た行〕

ダイアクリティカルマーク（diacritical mark）　10n., 127, 128
タイ記号　119–120
第 2 長音 → 長音
たたき音　122
縦書き　67–69
タブ（tab）　62, 63, 65–66, 91, 138
単音　3, 4
短音　7, 8, 9
単子音字　6, 7
単母音字　7, 8, 9
段落（paragraph）　61

中央揃え　63–66
長音　7, 8, 9
　第 2〜　44n.
調音位置・調音様式　96, 112
長音符 (<:>, length marks)　104–107, 109
　〜を使用しない表記　105–107
長子音　104–105
長母音　104, 107, 109n.
チルダ（tilde, 例 ã）　10, 47

月の名前　31

テキストファイル　138, 150

ドイツ語　109, 119
等幅（モノスペース）フォント　62n., 66
ト音記号（𝄞, G clef）　48
トルコ語　11

〔な行〕

内破・外破　116
長さ　81
波ダッシュ <〜>　47
軟口蓋　94, 114
軟口蓋音　119

二重母音　106n.
2 進数　137

年号　85–86

〔は行〕

〜倍　84
バイト　136–137
バイナリファイル　138
ハイフン（<->, hyphen）　16–18, 29
　〜で繋がれた名詞の前位修飾語　22–24
破擦音　119–121
　〜と摩擦音の区別　119, 120–121
発音記号（IPA 拡張）　127
発音区別符号 → アクセント記号
バックスラッシュ（<\>, backslash, reverse solidus）　144–145
ハッシュ <#>　46–47, 53
破裂音　96, 112, 116–117

非円唇音・非円唇母音　101, 109, 111
鼻音　114–115
鼻腔　95, 114
ピッチアクセント　107
ビット　136–137
表意文字・表音文字・表語文字　4
ピリオド <>　24
　省略記号としての〜　31–33, 34, 50
　文末記号としての〜　34–35
　分離記号としての〜　34

フェニキア文字　40

複子音字　6
複母音字　7, 8, 9
符号化文字集合　139–141
フッタ（footer）　67
プライム（<'>, prime）　36–37, 81
ぶら下げインデント　64–65
フランス語　11, 16n., 109, 115
ふるえ音（顫動音）　43, 121, 133
プロポーショナル（proportional）フォント
　　62, 66, 91
文（sentence）　61
分音記号　11, 16n.–17n.
文献表　35, 64
分子（numerator）　83–84
文書のレイアウト　60–61
分数　82–84
　　～に序数詞が用いられる理由　82
　　～を修飾する形容詞　83
分節（法）・分綴法　→　syllabi(fi)cation
分母（denominator）　83–84
文末記号　34–35
分離記号　14–29

閉音節　8, 9, 110
閉鎖音　116
ページ番号　67, 90
ヘッダ（header）　67

母音（vowels）　3, 6, 95, 96–101, 108–112
　　～の三角形　96, 97
　　～の長さ　106–107
　　～表記の違い　112, 113
　　基本～（cardinal vowels）　98, 100, 101
母音字　6
ボールド　71

〔ま行〕

巻き舌　121
摩擦音　117–119
　　～と破擦音の区別　119, 120–121
丸括弧，省略可能を示す　124–125
漫画の吹き出し　68–69, 70–71

右揃え　63–66

名称読み　55–56
メタル・ウムラウト（ヘヴィメタル・ウムラ
　　ウト）（metal umlaut, heavy metal umlaut）
　　12

黙字　5, 9, 11
文字コード　138–152
　　日本語表記に用いられる～　139
文字素　38
文字符号化方式（エンコーディングスキーム）
　　139–141

〔や行〕

有気音・無気音　40–41, 42–43, 124
有声音・無声音　95, 96, 98, 112

曜日名　31
余白（マージン，margin）　67

〔ら・わ行〕

ラテン 1 補助　→　Latin-1 Supplement
ラテン文字（ローマ字）　4
ラテン文字拡張 A, B　127

略語　31–34
　　～のアメリカ式，イギリス式　51–52
　　～の複数形　53
　　～の読み方　（語）50, 52–53，（句）55–57
略号（ラテン語）　32
両端揃え　63–66
リング（ring, 例 å）　10
累乗（power）　78–79

ローマ字　→　ラテン文字
ローマ数字　66, 88–91
　　～のアラビア数字への変換　90
ローマン体（立体）　72

分かち書き（スペース）　14–16, 24

●著者紹介●

大名　力（おおな・つとむ）

　名古屋大学大学院人文学研究科教授。1989 年，東京学芸大学修士課程修了（教育学修士）。群馬大学教養部，社会情報学部講師，名古屋大学国際開発研究科助教授，教授を経て，現職。専門は言語学・英語学。著書・論文に『言語研究のための正規表現によるコーパス検索』（ひつじ書房，2012 年），「コーパス研究と学習英文法」（大津由紀雄（編著）『学習英文法を見直したい』，研究社，2012 年），『英語の文字・綴り・発音のしくみ』（研究社，2014 年），『英語の綴りのルール』（研究社，2021 年），などがある。

英語の記号・書式・数 量 表 現のしくみ

2023 年 7 月 31 日　初版発行

著　者	大　名　　　力
発 行 者	吉　田　尚　志
組 版 所	株式会社理想社
印 刷 所	図書印刷株式会社

KENKYUSHA
〈検印省略〉

発 行 所　株式会社　研　究　社
https://www.kenkyusha.co.jp/

〒102-8152
東京都千代田区富士見 2-11-3
電話（編集）03（3288）7711（代）
　　（営業）03（3288）7777（代）
振　替　00150-9-26710

装丁：金子泰明，編集協力：津田正（北烏山編集室）
ISBN 978-4-327-40179-5　C 3082　　　Printed in Japan

本書の無断複写複製（コピー）は，著作権法上での例外を除き，禁じられています。また，私的使用以外のいかなる電子的複製（電子データ化，電子書籍化）も一切認められていません。
落丁本，乱丁本はお取替えいたします。ただし，中古品はお取替えできません。